저 높은 곳을 향하여

저 높은 곳을 향하여

발행일   2025년 12월 29일

지은이   김옥근
펴낸이   손형국
펴낸곳   (주)북랩

출판등록   2004. 12. 1(제2012-000051호)
주소   서울특별시 금천구 가산디지털 1로 168, 우림라이온스밸리 B동 B111호, B113~115호
홈페이지   www.book.co.kr
전화번호   (02)2026-5777   팩스   (02)3159-9637

ISBN   979-11-7598-054-9 03200 (종이책)   979-11-7598-055-6 05200 (전자책)

작가 연락처 문의 ▸ ask.book.co.kr
전용 게시판에 문의를 남기시면 저자에게 직접 전달됩니다.

(주)북랩 성공출판의 파트너
북랩 홈페이지와 SNS에서 다양한 출판 솔루션을 만나 보세요!
홈페이지 book.co.kr   •   **블로그** blog.naver.com/essaybook   •   **출판문의** text@book.co.kr
카톡채널 북랩

회개와 믿음으로 오르는 영혼의 길

저 높은 곳을 향하여

하나님은
죄로 타락한 인간을
자신에게로 모으기 위해서
자기 밖으로 나가셨다.

그는 치유하기 위해
상처받으셨고,
자유케 하기 위해
아들의 죽음을 겪으셨다.

하나님은
인간이 선하기 때문에
사랑하는 것이 아니라
하나님이 선하시기 때문에
인간을 사랑하시는 것이다.

김옥근 지음

 북랩

낮은 곳에서 시작하여 높은 곳으로 올라가는 것이 기독교 신앙이다. 죄의 자리가 낮은 곳이요 구원의 자리가 높은 곳이다. 이 세상의 자리가 낮은 곳이요 천국의 자리가 높은 곳이다. 작은 믿음의 자리가 낮은 곳이요 큰 믿음의 자리가 높은 곳이다.

이 책은 낮은 곳에서 높은 곳으로 올라가는 과정의 양식이요 안내서이며 가이드다. 비행기도 이륙할 때는 낮은 곳에서 출발하지만, 그 목적지로 가기 위하여서는 높은 곳으로 올라야 한다. 낮은 곳에서만 날면 목적지에 도달할 수가 없다. 신앙과 믿음도 이와 같다. 처음에는 의심하고 확신이 없는 희미한 과정에서 시작하지만 회개와 기도, 연단과 훈련을 통하여 변화되고 성화되어 높은 단계에 오르게 되면, 드디어 천국을 소유하게 되며 하늘의 면류관과 상급을 받게 된다.

하나님께서는 노아에게 방주를 만들라 명령하셨고, 노아는 그 하나님의 명령에 순종하였으며, 방주의 제작이 끝났을 때 하나님께로부터 선택받은 사람과 짐승들은 그 방주의 문을 향하여 걸어 드디어 방주 안으로 들어갔다 그러므로, 그들은 구원을 받은 것이다.

그리스도인의 신앙생활은 바로 이와 같은 것이다. 우리는 날마다 구원의 문을 향하여 걸어가야 한다. 한 걸음도 딴 길로 가면 구원의 방주로는 들어갈 수 없다.

가뭄이 오래다가 비가 왔다. 모든 것이 타들어 갔다. 논밭에 곡식이, 들에 풀이, 산에 나무가, 사람의 심장까지도 메말라 갔다. 잎이 시들고, 가지가 뒤틀리고, 뿌리가 드러났다. 하늘이 맑으니 땅이 말랐고, 동식물이 마르니 사람도 말랐다. 우리의 힘으로는 별 방법이 없다. 잔디에 물을 조금 뿌려 봤지만 역부족이다.

그러다가 비가 왔다. 그럴 때 비가 왔다. 단비인가? 금비다. 말 그대로 생명수가 하늘에서 뿌려졌다. 그래서 땅이 살았다. 식물이 살고 모든 생명이 살았다. 그것은 분명 단비였다. 그렇게 비가 오지 않았으면 너도 죽고, 나도 죽고, 모두가 죽는다. 그럴 때 비가 왔다. 당신은 아는가! 그때 내린 그 비의 맛을…. 당신은 아는! 그때 그 내린 비의 시원함을….

믿는 그리스도인의 영의 양식도 그러하다.

주님께서 말씀하셨다. "주는 것이 받는 것보다 복되다"고.

믿음이란 그냥 말로만 믿는다고 하면 다 되는 것이 아니다. 행함이 뒤따라야 하고, 삶이 뒤따라야 하고, 변화가 뒤따라야 한다. 다시 말해, 열매 있는 나무가 되어야 하고, 날마다 저 높은 곳을 향하여 더욱 성화되어야 한다.

찬송가 491장
〈저 높은 곳을 향하여〉

1. 저 높은 곳을 향하여 날마다 나아갑니다.
내 뜻과 정성 모아서 날마다 기도합니다.
내 주여 내 발 불드사 그곳에 있게 하소서.
그곳은 빛과 사랑이 언제나 넘치옵니다.

2. 괴롬과 죄가 있는 곳 나 비록 여기 살아도
빛나고 높은 저곳을 날마다 바라봅니다.
내 주여 내 맘 불드사 그곳에 있게 하소서
그곳은 빛과 사랑이 언제나 넘치옵니다.

3. 의심의 안개 걷히고 근심의 구름 없는 곳
기쁘고 참된 평화가 거기만 있사옵니다.
내 주여 내 맘 불드사 그곳에 있게 하소서
그곳은 빛과 사랑이 언제나 넘치옵니다.

4. 험하고 높은 이 길을 싸우며 나아갑니다,
다시금 기도 하오니 내 주여 인도하소서
내 주여 내 맘 불드사 그곳에 있게 하소서

그곳은 빛과 사랑이 언제나 넘치옵니다.

5. 내 주를 따라 올라가 저 높은 곳에 우뚝서
영원한 복락 누리며 즐거운 노래 부르리
내 주여 내 맘 붙드사 그곳에 있게 하소서
그곳은 빛과 사랑이 언제나 넘치옵니다.

제1편
드는 문

제2편
오르는 문

제3편
정착의 문

제1편

드는 문

돌아온 탕자

✝

어두움의 소식

텟줄도 잘리지 않은 채 쓰레기통에 버려진 신생아를 구한 개(犬)가 많은 이들을 미소 짓게 하고 있다.

2016년 4월 1일(현지 시간) 온라인 미디어 〈래드바이블〉에는 쓰레기통에서 발견한 신생아를 입에 물고 병원으로 달려가는 개의 사진이 실렸다. 사진 속 개(犬)는, 부모에게 버려져 텟줄도 자르지 않고 길게 늘어뜨린 채 버려진 신생아를 입에 물고 어디론가 달리고 있다. 사진을 페이스북에 올린 이는 브라질의 한 거리에서 포착된 이 장면은 '유기견'이 먹을 것을 찾기 위해 쓰레기통을 뒤지다 울고 있는 신생아를 발견했다고 전했다. 신생아를 발견한 개는 '모성애'가 발동했는지 조심스럽게 아기를 입에 물고 곧장 병원으로 달려갔다. 덕분에 무사히 병원에 도착한 신생아는 건강에는 이상이 없고, 현재 병원에서 치료받으며 부모를 수소문하고 있는 것으로 전해졌다.

이 사건이 주는 교훈은, 인간은 죄인으로서 마땅히 구원받아야 할 존재라는 것의 당위성을 증명해 준다 할 수 있다.

허구의 세상

누가복음 15장 11절 이하의 예수님의 비유 말씀에, 어떤 사람에게 두 아들이 있었다. 두 아들 중 둘째는 아버지 밑에서 아버지의 규제를 받으며 사는 것을 근본적으로 싫어했다. 그 마음에는 한시라도 아버지를 떠나 자유로운 삶을 마음껏 살아 보려는 일탈의 의도가 깊이 숨겨져 있었다.

둘째 아들은 아버지를 떠나 자기 마음대로 살아 보고자 하는 허구적인 욕망으로 불타고 있었다.

둘째가 꿈꾸는 세상은 허구적인 세상이다. 본질을 떠난 세상은 허구적이며 가상적 세상이기 때문이다. 호화로운 것 같으나 실체가 없다. 아름다움 같으나 향기가 없다. 무성함 같으나 열매가 없다.

> "여자가 그 나무를 본즉 먹음직도 하고 보암직도 하고 지혜롭게 할 만큼 탐스럽기도 한 나무인지라…" (창 3:16)

탕진

길이 고우면 허비함이 없다. 길이 기칠면 낭비가 크다.

둘째는 자기 몫의 재산만 챙기고 그 외의 아버지와 연관된 모든 것, 가족과 사랑과 관심들을 다 끊어 버렸다. 그리고 자기만의, 꿈꾸는 허구의 세상을 향해 돌진하였다. 아버지로부터 받은 재산을 자기 임의대로 사용하기에 용이하고 날아가기 쉬운, 가벼운 것들로

교환하여 챙겼다.

그를 기다리고 있는 것들은 아버지가 염려하고 있는 선하지 못한 것들뿐이었다. 그러나 둘째는 개의하지 않았다. 아니, 오히려 황홀하고 만족해하였다. 자신의 생명에서 본질적인 것들을 탕진하는 불행한 실체를 그는 전혀 분별하지 못했다.

발길이 닿는 구렁은 기름칠하듯 매끄러웠고, 손에 잡힌 허상들은 솜처럼 부드러웠다. 혀끝에 녹는 음료는 꿀같이 달콤했고, 밤마다 눕는 침대는 양털같이 따뜻했다.

블랙홀 같은 늪 속으로 빠져들어 갔다.

아버지로부터 받은 재산뿐만 아니라 자신에게 주어진 고유한 생명과 시간과 힘과 정열까지도 모두 허비하였다.

아버지를 떠나 먼 타국에서 보낸 둘째 아들의 이러한 삶은 타작마당에서 키질을 당해 알곡과 구분되어 흩어져 버릴 쭉정이와도 같은 허무한 삶이었다.

逼切(핍절) 된 乏絶(핍절)

逼切(핍절)= 모든 것이 바닥이 나고 빚진 것을 갚아야 하는 약속의 날이 가까워 다급해진 것.

乏絶(핍절)= 더 이상 생산성은 없고 있는 것은 모두 바닥이 났다.

아버지 집에서 챙겨 갔던 모든 것들을 다 날려 버렸을 즈음에, 그가 머물고 있는 나라에 극심한 흉년이 찾아왔다. 그 흉년은 참으로

흉측스러운 흉년이었다. 이전에는 없었던 전무후무한, 둘째가 살아 남기에는 극히 어려운 그러한 흉년이었다. 마치 탕진의 늪 속에 이미 마련된, 피할 길 없는 징벌과도 같은 거대한 흉년이었다. 지금까지 탕진의 삶을 깊이 흐느끼기에 유효적절한 그런 흉년이기도 하였다.

더 이상 날릴 먼지도 없다. 붙잡을 허공도 없다. 귀 기울일 소리도 없다. 응시할 실체도 없다. 허기진 배를 채울 식량도 없다. 맞잡을 만한 손도 없다. 이제는 핍절(逼切) 되어야 할 핍절(乏絕) 된 그 자체였다.

困窮(곤궁)

춘궁기(春窮期)의 초근목피(草根木皮)는 그래도 희망이 있다. 논밭의 푸른 보리 이삭이 누런빛으로 익어 가고 있기 때문이다. 봄이 가고 여름이 오면 꺼칠한 꽁보리밥으로 허기진 배를 채울 수 있다. 하지만 내 것은 다 날리고 남은 것은 허공에서 엉킨 거미줄뿐이니, 기다려 봐도 떨어질 것은 흩날리는 먼지뿐. 둘째 아들은 이제 누군가에게 붙어 더부살이를 하는 길밖에 달리 방법이 없었다. 평소에는 눈여겨보지도 않았던 천박한 일들만이, 두려워 떠는 자신의 손길을 기다리고 있을 뿐이었다.

가축 중에서 돼지는 유대인들에게는 불길한 동물이다. 가급적 집에서 멀리 떨어진 곳에 막을 쳤고, 종들 중에서도 제일 천박한 자로 하여금 돌보게 하였다. 둘째 아들은 자신이 붙어 사는 주인집의 돼지를 치며 돼지들의 입에서 튕겨 나온 음식 찌끼들로 허기진 배를 채웠다.

성경에서는 이것을 '쥐엄 열매'라고 한다.

극한 상황에 이르러야만 비로소 회개하는 인간의 완악함을 빗대어 이스라엘 랍비들은 "이스라엘 사람들이 이 쥐엄 열매를 먹게 될 때 그들은 회개한다."라고 말한다.

회개

스스로 돌이킨다는 말은 '진실된 자신에게로 돌아온다'는 뜻이다.

영어로는 'came to himself'이다.

사람이 어느 길을 가다가 그 길이 잘못됐음을 깊이 깨달았을 때, 가던 길을 멈추고 비로소 돌아선다. 곤궁과 핍절은, 가던 길이 잘못되었음을 절실하게 확인시켜 주는 이정표다.

그런 의미에서의 '회개'란 그동안 상실했던, 하나님께로부터 받은 자기 자신의 진정한 실체를 회복하는 것이다. 하나님께서 보시기에 합당한 자신의 모습으로 돌아오는 것이다.

둘째 아들은 아버지 집의 풍요를 되돌아보았다. 빵의 풍부, 사랑의 풍부, 관심의 풍부.

돼지의 쥐엄 열매로도 허기진 배를 채우기에 모자란 자신의 처지에 넉넉한 품삯과 큼직한 빵으로 둘러싸여 있는 아버지 집의 풍요로움과 품꾼들을 떠올렸다.

모든 풍부는 모두 아버지의 넉넉한 품으로부터 채워짐을 보았다. 지금 그가 느끼는 궁핍은 오직 아버지가 아니면 채워질 수 없는 결핍임을 알았다.

그에게는 두 길이 있다. 첫째는 굶주림으로 죽는 길이요, 다른 하나는 아버지의 사랑과 풍부 속으로 들어가는 길이다. 둘째 아들은 죽음의 길을 버리고 삶의 길로 들기 위해 담대하게 일어섰다. 자신에게 붙어 있던 모든 것, 체면과 자존심, 염치, 부끄러움, 이런 것들을 과감하게 떨쳐 버렸다.

집을 나간 탕자는 다시 돌아왔다. 아버지 집으로.

아버지는 돌아온 아들을 위하여 잔치를 베풀고, 이웃을 초대하여 기쁨을 함께 나누었다.

우리 또한 하나님께로 돌아와야 한다. 하나님의 사랑의 품으로!

둘째 아들이 고통 속에서 힘 있게 일어나 아버지를 향하여 그 삶의 발길을 돌이킬 때 비로소 그의 삶은 본궤도에 진입하게 되었다.

하나님께서는 날마다, 오늘도 우리를 그리고 당신을 간절히 기다리신다.

예수 그리스도는 하나님의 품을 떠난 우리가 다시 하나님의 집으로 돌아가는 길의 이정표이시다.

누구든지 예수 그리스도를 구주로 믿고 구원을 받으면 하나님의 품으로 돌아가는 길이 환하게 열린다.

> "가로되 주 예수를 믿으라, 그리하면 너와 네 집이 구원을 얻으리라 하고" (행 16:31)
> "하나님이 세상을 이처럼 사랑하사 독생자를 주셨으니 이는 저를 믿는 자마다 멸망치 않고 영생을 얻게 하려 하심이니라" (요 3:16)

알아야 할 것, 버려야 할 것

✝

신앙에 대하여

하나님을 알고 우상을 버리자

溫故而知新(온고이지신)이라는 말처럼 지난 역사에서 오류를 안다. 역사를 깊게 들여다보면 당시의 오류들을 뒤늦게나마 발견할 수 있다. 그리하여 새로운 길을 개척하는 자료를 삼는 것이다.

인생은 짧다. 짧은 인생을 헛되게 살지 않으려면 먼저 하나님을 알고, 우상을 버리는 일부터 시작되어야 한다.

하나님은 진실의 근원이시오 우상은 거짓과 속임의 기초가 되기 때문이다.

하나를 알자. 하나는 원본이고 근원이다. 태양은 하나요, 나의 생명은 하나요, 진리는 하나요, 근본 본질은 하나다. 복사물이 아무리 많아도 원본은 하나다.

하나님은 한 분이시지만 우상은 셀 수 없이 많다. 그러므로 하나님과 우상은 구별된다. 하나님은 타협하지 않으시지만 모든 우상들은 우상이므로 서로가 타협한다. 너도나도 어중이떠중이라고 한다. 사람들이 기독교를 폄훼(貶毁)하면서 쓰는 말이 기독교는 하나만을 고집한다고 한다. 구원도 하나요 하나님도 한 분이라는 것이다. 그것은 고집이 아니라 진리다. 생명의 원천이요 모든 존재의 근원 되시는 하나님은 오직 한 분, 삼위일체 하나님이시다. 그들은 그것이 싫다는 것이다.

세상에 많은 사람이 있어도 나의 아버지는 오직 한 분이신 그 이치와도 같다. 그 원리를 주장하는 것을 왜 고집이라고 고집을 부리는가?

예수님을 알고 죄 성을 버리자

예수님은 길이요 진리요 생명이시다.

인간이 살아야 할 산길이요 인간이 추구해야 할 참진리며, 인간이 가져야 할 참생명이시다.

예수님을 알지 못하는 삶은 죄의 바닥이다. 죄의 바닥에서 이루어지는 모든 행위는 죄다. 그렇게 일생을 살다 보면 자신도 모르게 모든 삶이 죄의 놀음이 되고 만다. 그것을 알고 깨닫는 것이 중요하다. 예수님은 성자 하나님이시다. 인간의 몸을 입고 이 땅에 오신 하나님의 독생자이시다.

예수님은 모든 인류의 죄를 짊어지시고, 십자가에 못 박혀 죽으시고, 삼 일 만에 부활 승천 하셨다.

누구든지 예수님을 구주로 믿고 영접하면 죄 사함을 받아 구원받고 하나님의 자녀로 거듭나게 된다. 그러므로 예수님을 믿으면 모든 죄를 사함 받고 깨끗하게 된다. 비로소 하나님의 자녀의 자리로 돌아오게 된다.

성령님을 알고 교만을 버리자

오직 선의 기준은 하나님이시다.

그러므로 하나님께서 내 마음을 주장하여 선의 길로 들어가게 하셨을 때 비로소 선하다고 인정을 받게 되는 것이다. 선의 절대적 주권은 하나님이시다. 하나님만이 선이시다. 교만한 사람의 심령에 성령이 임재하시면 모든 악과 죄를 토해 내고 회개하여 겸손한 사람으로 거듭나게 된다. 교만은 모든 죄의 선봉이 되고, 악의 길잡이가 된다. 교만에 사로잡혀 있으면 선을 모르고, 사랑을 못 하는 이기주의가 된다. 주 예수를, 그리스도를 구주로 믿고 영접하면 성령이 임하셔서 모든 심령의 악과 죄들을 몰아내고 새 사람으로 거듭나게 하신다.

은혜를 알고 자랑을 버리자

모든 것은 하나님의 은혜다. 생명이 은혜요 건강이 은혜요 지혜와 지식이 은혜요 자연이 은혜요 삶이 은혜요 구원이 은혜이며 기쁨이 은혜요 행복이 은혜다. 은혜가 아닌 것이 세상에 어디 있겠는가?

은혜는 거저 받은 것이다. 그러니 자랑할 것이 무엇인가? 우리의 힘으로 곡식을 한 치도 자라게 하지 못하니 모든 것이 은혜일 뿐이다. 그러므로 자랑은 교만이다. 은혜를 알면 자랑은 아무것도 없고, 은혜를 모르면 모든 것이 자랑뿐이다. 자랑으로 어리석고 미련한 자가 되지 말고, 은혜를 알고, 감사하고, 현명한 자가 되자.

선을 알고 악을 버리자

선한 일에도 반대자가 있고 악한 일에도 동조자가 있다.

선한 일은 인간을 기쁘게 하고 행복하게 하여도, 악한 일은 인간을 슬프게 하고 불행하게 만든다. 선을 선으로 알고 행하면 좋은 사람이지만, 악을 악으로 알고 행하면 나쁜 사람이다.

하나님은 인간에게 양심을 주셨다. 어느 것이 선인지, 어느 것이 악인지 분별할 수 없거든 하나님께 엎드려 아뢰고 양심에게 물어보라. 내게 손해가 되어도 남을 이롭게 한다면 그것은 선한 일이어도 내게는 이익이 되지만, 남을 손해 되게 한다면 그것은 악일 거다. 날씨가 화창하고 맑은 날에 선을 하나 더 행하고, 흐리고 궂은날에 악을 하나 더 남김없이 버리라.

예수 그리스도의 십자가는 그대를 선한 길로 인도하는 이정표다.

"악은 모든 모양이라도 버리라" (살전 5:22)

천국을 알고 지옥을 버리자

천국과 지옥은 선택의 대상이기도 하다. 주 예수를 믿으면 천국이요 주 예수를 거부하면 지옥이다. 천국은 구원받은 사람이 소유하는 하나님의 나라요 지옥은 불신자가 들어가는 죄의 자리이다. 믿음이 있기 전에는 천국도 지옥도 알지 못한디. 그러나 사람이 주 예수를 구주로 믿는 믿음을 가지면 성령님께서 천국과 지옥을 보여 주시고 알게 하신다. 천국을 알면 자연 지옥을 버리게 되고, 지옥을 알면 당연히 천국을 사모하게 된다. 천국과 지옥은 상반 관계다. 지옥은 아래에 있고, 천국은 저 높은 위에 있다. 그러므로 지옥은 천국에 눌림을 받는다. 천국과 지옥은 어느 하나만을 아는 것이 아니요 두 개의 나라를 동시에 알게 된다. 그대여, 천국이든 지옥이든 당신이 알았다면 당연히 그대는 지옥을 버리고 천국을 택하는 지혜가 있는 줄 믿는다.

거듭남을 알고 죄 된 자아를 버리자

자아는 둘이다. 죄 된 자아와 거듭난 자아다. 이 두 자아의 차이는 백지장 하나처럼 아주 가깝기도 하지만, 억만의 거리처럼 멀기도 하다. 시간이 오래됐다고 거듭난 것이 아니다. 주 예수 그리스도를 모르면 제아무리 오래 살아도 거듭나지 못한다. 그러나 어린아이라도 주 예수 그리스도 안에 있어 믿음을 가지면 거듭난다. 자신이 죄인임을 알아 깨닫고 죄를 자복하고 회개하면 성령의 감동과 인도하심을 받아 새 생명으로 거듭나게 된다. 새 생명은 구원을 안다. 새 생명은 주 예수를 구주로 믿고 하나님을 경배하고 경외하며, 하나님을 높이고 찬양하며, 모든 일에서 하나님께 순종하며, 하나님의 사랑과 은혜 그리고 하나님이 내려 주신 축복을 사모한다.

가정에 대하여

사랑을 알고 미움을 버리자

사랑과 미움은 둘 다 동시에 가지지는 못한다. 사랑하든지 아니면 미워하든지 둘 중 하나다. 사랑하면 미움이 달아나고, 미워하면 사랑이 사라진다. 가정은 행복의 터전이다. 가정이 불행하면 매사가 괴롭다. 가정이 즐겁고 행복하면 만사가 기쁘고 형통하다. 미움으로는 행복한 가정을 이룰 수 없다. 가정이 불행한 것은 사랑하지 못하고 미워하기 때문이다. 사랑하는 것은 행복을 위하여 선한 일이지만, 미워하는 것은 불행을 자초하고 파멸로 가는 지름길이다. 사람은 누구나 가정이 행복하기를 원한다. 그러면 서로 사랑하자. 미움을 버리고 사랑하면 온 가족이 기쁨으로 가득하게 된다.

진리를 알고 허세를 버리자

진리는 알곡처럼 무게가 있어 고개를 숙이지만, 허세는 속이 텅 비었으니 쭉정이처럼 가벼워 바람에 날린다. 허세는 속 빈 자아를 드러내고자 함이요 진리는 겸손과 자비를 베푸는 것이다.

누구든 허세를 부리는 것은 진리를 알지 못함이요 세상의 물정을 모르고 얕은 물에서 수영 실력을 뽐내는 격이다. 세상의 연단 그리고 믿음의 시련, 신앙의 훈련에서 진리를 깨닫는다. 정상에 오르면 아래가 내려다보이듯, 진리를 깨달으면 허세의 비굴함을 그때야 비로소 들여다보게 된다.

매사에 침착하고 여유를 갖자. 비판하기 전, 한 번 더 깊이 생각하자. 남을 비난하고 헐뜯기 전에 이해하고, 용서하고, 사랑하자.

주님께서 말씀하셨다.

"진리를 알지니 진리가 너희를 자유롭게 하리라" (요 8:32)

지혜를 알고 편견을 버리자

모든 일에는 지혜의 비밀이 있다. 같은 일이라도 편견을 버리고 지혜롭게 해결하면 그 결과는 놀랍게 달라진다. 자아의식이 강할 때 편견 의식이 나타난다. 편견을 버리고 객관적 입장에서 깊이 생각하면 놀라운 지혜가 떠오르지만, 끝까지 편견을 버리지 못하면 끝내 일을 망치고 말 것이다.

편견은 자기중심적이다. 주관적 입장이 강하면 자연적으로 판단은 편견 쪽으로 기울게 된다. 편견은 양편 입장이 고르지 못한 것이요 일방적 방향으로 기우는 것이다. 가정불화의 대부분이 이 편견 의식에서 초래된다. 편견은 상대의 입장을 무시하고 자신의 입장만 강하게 주장하는 것이다.

사람마다 생각이 다르고 입장이 다르다는 것을 전제로 하는 것이 곧 지혜다. 지혜에는 보다 좋은 결과의 비밀이 담겨 있다. 매사에 편견을 버리고 지혜를 간구하자.

사회에 대하여

이웃을 알고 탐욕을 버리자

네 이웃을 네 몸 같이 사랑하라 하였다. (마 22:39)

이웃이 있으면 외롭지 않다. 이웃은 인간이 인생을 살아가는 데 있어서 가장 좋은 친구다. 이웃이 있으면 두려움이 사라진다. 이웃은 서로 돕는 관계다. 이기적인 생각으로 탐욕을 부리면 이웃과 좋은 관계를 유지할 수 없다. 이웃이 있어야 내가 있다. 이웃은 내 삶의 울타리에서 가장 가까운 친구다.

이웃이 좋으면 열 친척 부럽지 않다. 서로가 좋은 이웃으로 관계를 맺어 갈 때 좋은 사회 행복한 나라를 만들 수 있다. 시기와 질투가 없고, 이웃의 이익을 나의 이익보다 더 중히 여길 때, 이웃과 나는 좋은 관계를 유지해 갈 수가 있는 것이다. 탐욕은 금물이다. 탐욕은 서로를 불행하게 만든다. 이웃의 소중함을 알고 사랑하면 탐욕은 사라지고 기쁨이 온다.

진실을 알고 거짓을 버리자

진실과 거짓은 상반적 관계다. 진실은 사람을 사람 되게 하거니와 거짓은 사람을 욕되게 하고, 병들게 한다. 거짓은 어두움의 그림자요 진실은 밝은 태양의 본질이다. 거짓은 진실을 삼키고 온 사회를 병들게 한다. 자기의 개인적 이익을 위하여 진실을 버리고 거짓의 깃발을 드는 것은 가장 비겁한 일이다. 그렇게 하여 잠시 이익을 본다 하여도, 그런 이익은 결국 자신을 병들게 하고 말 것이다. 오래가고, 더디 가고, 돌아가도 진실을 알고 거짓을 버리자. 거짓된 사람은 하나님의 자녀가 되지 못한다. 밤이 비록 깊어도 아침은 오는 것처럼, 거짓은 언젠가는 반드시 진실 앞에 밝히고 무릎 꿇게 된다.

보다 밝은 사회 아름다운 세상은 진실이 가득할 때 반드시 이루어질 것이다.

세상을 사는 지혜

✝

맑은 하늘에서는 비가 내리지 않는다

매사에는 사전의 준비와 대비가 있어야 한다. 날이 맑으면 우선 기분이 상쾌하다. 그러나 상쾌한 날만 계속될 수 있겠는가. 구름이 끼고 날이 흐리면 울적하고 때로는 불쾌하기도 하겠지만, 그것은 비가 올 조짐이요 징조다. 하늘에 구름이 끼지 않은 상태로는 절대로 비가 내릴 수 없고, 비가 오지 않으면 나를 비롯하여 모든 생명의 존재가 불가능하다. 구름이 많으면 "비가 오려나" 하는 게 옛사람들의 지혜였다.

> "아침에 하늘이 붉고 흐리면 '비가 오겠구나' 예측한다. 너희
> 가 하늘의 징조는 분간할 줄 알면서 시대의 표적은 분간하지
> 못하느냐?" (마 16:3)

살다 보면 흐린 날도 오고 맑은 날도 있다. 모든 날이 삶의 자리다. 계속하여 하늘이 맑기만 한다면 무슨 수로 비가 내려 생명을 살리겠는가?

"사람이 여러 해를 살면 항상 즐거워할 지로다 그러나 캄캄한 날들이 많으리니 그 날들을 생각할지로다 다가올 일은 다 헛되도다" (전 11:8)

돌멩이가 부서지지 않으면 흙을 덮지 못한다

흙을 덮으면 싹이 나고 뿌리가 산다. 돌멩이는 단단하다. 돌멩이가 깨어지고 부서지면 흙이 된다. 흙은 부드럽고, 생명을 살리고, 생명을 낸다. 사람이 야무지고 단단하면 쓸모가 많다. 험난한 세상에서 살아남으려면 돌멩이처럼 야무지고 단단해야 한다. 그러나 때로는 부드럽고 온유하며, 사랑하고 감싸야 한다. 항상 어떤 양보도 없이 앞으로만 계속하여 나아만 간다면 낭떠러지에서도 돌아서지 못할 것이다.

사람은 여러 사람이 모여 함께 산다. 사람은 서로의 생각이 다르고, 가치관이 다르다. 서로가 손을 마주 잡고 함께 가는 길이 고단하지 않는 삶의 길이다. 옛말에 백지장도 맞들면 낫다고 하였다.

나무가 불타지 않으면 열을 얻지 못한다

나무가 잘 타면 열을 많이 낸다. 모든 열은 불이 타는 데서 나온다. 그런데 나무가 타려면 제 몸을 불살라야 한다. 열은 또 다른 에너지다. 우리 주님은 십자가에서 자신을 희생시켰다. 자기희생에는 또 다른 승리가 보장된다. 누구도 희생하지 않으면 더 이상 진전은 없다. 누가 희생할 것인가. 열을 얻으려면 나무를 불태워야 하고, 새 일을 성취하려면 누군가의 희생이 있어야 한다. 거룩한 희생은 내일의 새 희망과 꿈을 이루는 지름길이다.

> "모든 골짜기가 메워지고 모든 산과 작은 산이 낮아지고 굽은 것이 곧아지고 험한 길이 평탄하여질 것이요" (눅 3:5)

벼가 고개 숙이지 않으면 알곡을 얻지 못한다

> "그런즉 선 줄로 생각하는 자는 넘어질까 조심하라" (고전 10:12)

> "자기가 무엇을 좀 안다고 생각하는 사람이 있다면 그는 마땅히 알아야 할 것을 아직 알지 못하고 있는 것입니다." (고전 8:2)

겸손은 미덕이요 아름다운 것이다. 우리는 무엇인가에 대하여 알게 될수록 참으로 알아야 할 것을 알지 못함을 깨달아야 한다. 빈 수레가 더욱 소리가 요란한 것같이, 무슨 일에나 소리를 높이면 오히려 알맹이를 놓치고 말 것이다.

벼가 알이 찰수록 노랗게 빛이 나고 윤기가 흐르며 점점 고개를 숙인다. 꽉 찬 알이 무게가 되어 자신을 낮추기 때문이다. 알곡은

창고에 들여 주인의 배불림에 쓰임 받지만, 가벼운 쭉정이는 꺼지지 않은 불에 태움을 당하고 말 것이다.

> "손에 키를 들고 자기의 타작마당을 정하게 하사 알곡은 모아 곡
> 간에 들이고 쭉정이는 꺼지지 않는 불에 태우시리라" (마 3:12)

> "누구든지 자기를 높이는 자는 낮아지고 누구든지 자기를 낮
> 추는 자는 높아지리라" (마태복음 23:12)

강물이 흐르지 않으면 바다를 이루지 못한다

물은 흐르는 것이 정도다. 바다에 도달하기까지 흐른다. 바다 안에서도 흐른다. 지구가 돌기를 멈출 때까지 흐른다. 흐르지 못한 물은 고인다. 고인 물은 흐름을 멈춘 물이다. 물이 흐름을 멈추면 살지 못한다. 생명력을 잃는다. 자신도 죽고, 그 안에 있는 모든 생명체도 죽는다. 흐름은 움직임이다. 위에서 아래로 흐른다. 그것은 동작의 방향이다. 인간의 삶도 선한 방향을 쫓아 움직여야 한다. 스스로 호흡이 정지될 때까지 숨을 쉬고, 심장이 박동되고, 팔과 다리를 사용하며 머리와 생각과 마음을 끊임없이 움직여야 한다. 물이 흐름을 멈추면 생명을 잃게 되듯, 우리의 삶은 끊임없이 움직이는 역동적인 삶이어야 한다.

"모든 강물은 다 바다로 흐르되 바다를 채우지 못하며 강물은 어느 곳으로 흐르든지 그리로 연하여 흐르느니라." (전 1:7)

열매가 깨어지지 않으면 기름을 얻지 못한다

기름은 부드러움의 극치다. 사이와 사이를 관계와 관계를 부드럽게 하며 녹을 제거하고, 속된 것을 씻어 거룩하게 한다. 기름은 물보다 가벼우며, 물과 섞이지 않으며, 음식에 고소한 맛을 낸다. 기름은 열매 속에 들어 있는 생명의 피다. 기름은 생명을 거룩하게 하고 살리는 생명수다. 주님이 우리를 구원하시려고 십자가에 달려 몸과 살이 찢기며 보혈을 흘리신 것처럼, 열매는 서로의 몸이 부딪치고 으깨어짐으로 나오는 생명의 피인 것이다.

사물에 대하여 좀 더 깊이 생각할 때 더 좋은 지혜를 얻는다. 피땀 흘려 노력하지 못하면 열매도 없고, 더 좋은 진가를 맛보지 못한다.

"내가 진실로 진실로 너희에게 이르노니 한 알의 밀이 땅에 떨어져 죽지 아니하면 한 알 그대로 있고 죽으면 많은 열매를 맺느니라" (요 12:24)

지구가 돌지 않으면 공기가 순환하지 못한다

지구의 돎은 역사의 흐름이다. 책장을 넘기듯 한 장, 한 장 삶의 페이지를 넘기자. 흐르는 시간은 언제나 새 삶을 낳는다. 오래도록 붙잡고 있노라면 다가오는 새로움을 놓치게 된다. 지구가 돎으로써 공기도 움직이고 공기가 흐르므로, 늘 새로움의 신선함을 유지하고 맛보게 된다. 물이 정체되면 이끼가 끼고, 결국에는 썩어 죽듯이, 공기도 계속 흐르고 움직여야 한다. 그것이 지구가 돌기에 가능하다는 것이다.

흐르는 시간을 타고 우리의 삶도 늘 생동감이 넘쳐야 한다.

> "항상 기뻐하라 쉬지 말고 기도하라 범사에 감사하라 이것이
> 그리스도 예수 안에서 너희를 향하신 하나님의 뜻이니라 성령
> 을 소멸하지 말며 예언을 멸시하지 말고 범사에 헤아려 좋은 것
> 을 취하고 악은 어떤 모양이라도 버리라" (살전 5:16-22)

십자가 고난이 아니면 구원을 이루지 못한다

십자가는 죄수들에게 지워 준 사형 틀이다. 예수님은 죄인이 아니다. 그런데 어찌하여 십자가를 지셨는가? 인간은 죄인이다. 죄인은 인간이다. 예수님은 하나님이시다. 그런데 인간이 되셨다. 죄가 없으신 인간이 되셨다. 그리하여 십자가를 지셨다. 죄가 없으신 분이 죄인들의 죗값을 대신하여 십자가를 지신 것이다. 그동안에 수많은

죄인들이 십자가를 지고 죽었다. 그러나 그들의 죽음은 구원을 이루지 못했다. 왜냐하면 그들은 죄 있는 몸으로 죄의 짐을 지고 죽었기 때문에, 그 죽음은 죄의 값이 되지 못하기 때문이다. 죄 없는 인간의 몸은 유일무이하게 오직 예수님뿐이기 때문에 예수님의 십자가 죽으심만이 우리의 구원이 되신다. 예수님의 십자가 죽으심은 모든 인류의 죄의 값이다.

"그가 찔림은 우리의 허물 때문이요 그가 상함은 우리의 죄악 때문이라 그가 징계를 받으므로 우리는 평화를 누리고 그가 채찍에 맞으므로 우리는 나음을 받았도다" (사 53:5)

믿음이 없으면 구원을 받지 못한다

믿음은 하나님 나라에 입문하는 데 유일의 법칙이요 관문이다. 하나님 나라는 구원을 받은 성도들의 나라다. 주예수를 믿고 영접함으로써 비로소 하나님의 자녀와 백성이 된다. 모든 일의 우선은 믿음이다. 인간 삶의 기본은 믿음이다. 하나님은 우리 생명의 창조자로서 독생자 예수 그리스도를 통하여 우리의 참다운 삶과 기쁨과 행복과 구원의 길을 열어 두셨기 때문이다. 사람이 일평생을 살고도 구원을 받지 못한다면 참다운 인생을 살았다고 할 수 없다. 왜냐하면 우리의 주인이시오 아버지이신 하나님을 만나지 못하고 일평생을 죄악의 수렁에 빠진 채로 헤매었기 때문이다.

"가로되 주 예수를 믿으라 그리하면 너와 네 집이 구원을 얻으리라 하고" (행 16:31)

"사람이 마음으로 믿어 의에 이르고 입으로 시인하여 구원에 이르느니라" (롬 10:10)

"복음에는 하나님의 의가 나타나서 믿음으로 믿음에 이르게 하나니 기록된 바 오직 의인은 믿음으로 말미암아 살리라 함과 같으니라" (롬 1:17)

겸손하지 않으면 하나님을 만나지 못한다

"너는 하나님 앞에서 함부로 입을 열지 말며 급한 마음으로 말을 내지 말라 하나님은 하늘에 계시고 너는 땅에 있음이니라 그런즉 마땅히 말을 적게 할 것이라" (전 5:2)

"주 앞에서 낮추라 그리하면 주께서 너희를 높이시리라" (약 4:10)

겸손은 지극히 자기 자신을 낮추는 것이다. 겸손은 자신의 위치와 처지를 아는 것이다.

하나님은 우리의 아버지이시요 창조주이시며 천하 만물의 통치자이시다. 교만은 패망의 선봉이라 하였다. 우리가 겸손하지 못하면 곧 교만한 것이다.

주 예수 그리스도를 구주로 믿고 영접하는 것은 최대의 겸손이요 최고의 미덕이다. 우선 먼저 자기 자신이 죄인임을 인정하고 하나님 앞에 무릎을 꿇는 것이 겸손의 극치이기 때문이다. 겸손한 믿음으로 구원을 받고 하나님 앞에 서면, 하나님께서 그를 사랑하시고 기뻐하시며, 평강의 복을 주신다.

인내하지 못하면 승리를 맛보지 못한다

"너희의 인내로 너희 영혼을 얻으리라" (눅 21:19)

"인내는 연단을, 연단은 소망을 이루는 줄 앎이로다." (롬 5:4)

인내의 나무는 매우 쓰다 그러나 그 열매는 아주 달다. 인내의 강을 건너지 못하면 승리의 대지를 밟지 못한다. 승리의 대지는 인내의 강을 지나 펼쳐지기 때문이다. 주님은 십자가 위에서 고난을 극복하고 인내하셨다. 하나님께서는 그에게 승리의 부활을 주시고 모든 무릎을 예수님 앞에 꿇게 하셨다.

인생 여정 위에는 수많은 고난의 강들이 길게 가로질러 흐르고 있다. 그 고난의 강은 인내로써 건너야 한다. 가슴을 찢으며 통곡하는 아픔이 있어도 두 주먹을 불끈 쥐고 이를 악물고 인내하면, 반드시 밝은 태양이 그대의 마음을 따뜻이 비추는 광명의 날이 올 것이다.

신뢰가 없으면 사랑하지 못한다

사랑은 곧 신뢰다. 의심하면 사랑하지 못한다. 사랑의 정의는 완벽이다. 어느 한구석 빈틈이 있으면 사랑할 수 없다. 사랑에는 아무런 조건이 없다. 사랑은 모든 허물과 부족함을 덮기 때문이다. 예수님께서 말씀하셨다.

"네 이웃을 네 몸과 같이 사랑하라." (마 22:39)

내 자신이 완벽하고 온전하여 사랑하는 것이 아니다. 내가 나니까 아끼고 사랑하는 것이다. 사랑이 곧 그런 것이다. 사랑에는 의심이 없고, 간격이 없고, 오해가 없고, 사랑에는 조건이 없다. 사랑은 오직 사랑 그 자체일 뿐이다. 태양이 우주를 비추듯, 비가 온 땅을 적시듯, 하나님께서 전 인류를 사랑하시듯, 차별이 없고, 예외가 없고, 미움이 없는 것이 곧 사랑이다. 신뢰는 고귀한 가치요 사랑은 최고의 미덕이다. 우리가 서로 사랑하자. 모든 불신을 가슴에 묻고, 넓고 아름다운 마음으로 힘껏 서로 사랑하자. 거기에 행복한 하나님 나라의 구원이 있다.

"사랑은 오래 참고 사랑은 온유하며 시기하지 아니하며 사랑은 자랑하지 아니하며 교만하지 아니하며 무례히 행하지 아니하며 자기의 유익을 구하지 아니하며 (…)" (고전 13:4-8)

진실하지 않으면 진정한 친구를 얻지 못한다

물은 도도히 아래로 흐른다. 물은 거슬러 흐르지 않는다. 물은 줄기를 따라 흐른다. 경사가 급하면 빨리 흐르고, 원만한 경사에는 서서히 흐른다. 물은 거짓이 없다. 물은 속임이 없다. 물은 시기가 없고 다툼이 없다.

진정한 친구는 또 다른 나 자신이다. 나의 거짓됨을 나 자신은 안다. 자신을 속이는 일은 자신을 죽이는 자멸의 길이다. 누구보다 자기 스스로를 속이지 말자. 진정한 친구 한 사람은 천하를 얻는 일보다 더욱 보람된다. 진실은 진실을 부른다. 내가 진실하지 못하면 어느 누가 나를 친구로 삼겠는가?

"그의 입 속은 달콤하고, 그에게 있는 것은 모두 사랑스럽다. 예루살렘의 아가씨들아, 이 사람이 바로 나의 임, 나의 친구이다." (아가 5:16)

"사람이 친구를 위하여 목숨을 버리면 이보다 더 큰 사랑은 없다" (요 15:13)

쓴 것을 맛보지 않으면 단맛을 느끼지 못한다

쓴 것과 단것은 서로가 대조적이다. 쓴맛과 단맛은 맛의 극치다. 쓴맛이 있기에 단맛을 안다. 삶에서의 고통과 고난은 쓴맛이요 기쁨과 행복은 단맛에 비교된다. 옛말에 "입에는 쓴 것이 몸에는 보약"
이라고 하였다. 고통과 불행을 즐기는 사람이 누가 있겠는가. 그러
나 고생 끝에 낙이 온다고 하였다. 인생에서 단맛을 알려면 먼저 쓴
맛을 경험해 보아야 한다.

'천 리 길도 한 걸음부터'라고 하였으니, 기나긴 인생길에서 산전수
전을 겪으며 꾸준하게 사는 것이 보람이요 행복이다. 일곱 번 넘어
졌어도 여덟 번째 일어서면 거기에 달콤한 행복이 있으리라.

"인내는 쓰다. 그러나 그 열매는 달다.
"너희의 인내로 너희 영혼을 얻으리라." (눅 21:19)

나를 알지 못하면 너를 알지 못한다

나는 누구며, 너는 누구인가? 인생은 아무도 자기 자신이 누구인
지를 알지 못한다고 하였다. 네 속에 내가 있고 내 안에 네가 있다.
너를 보면 나를 알게 되리라. 원래 '너'와 '나' 자는 한 글자인데, 둘로
나뉘었다고 한다. 우리는 하나인데 둘이 되었다. 둘인데 하나가 되
었다. 하나님께서 아담을 창조하시고 아담이 깊이 잠든 후에 아담의
살빗대로 하와를 만들어 배필로 주셨다. 잠에서 깬 아담이 하와를
보고 "내 뼈 중의 뼈요 살 중의 살" (창 2:23)이라고 하였다. 후일에
사탄의 유혹에 먼저 빠진 하와가 자신의 원 몸인 아담을 유혹하여
죄에 빠지게 하였다. 아담과 하와는 원래 한 몸이었으나 둘로 나뉘
었고, 둘은 서로를 알지 못했다.

나를 알지 못하면 너를 알지 못하리라.

"창조 때로부터 사람을 남자와 여자로 지으셨으니 이러므로
사람이 그 부모를 떠나서 그 둘이 한 몸이 될지니라 이러한즉
이제 둘이 아니요 한 몸이니 그러므로 하나님이 짝지어 주신
것을 사람이 나누지 못할지니라 하시더라" (막 10:6-9)

불행이 없이는 행복의 진가를 깨닫지 못한다

불행과 행복은 백지장 차이다. 불행도 뒤집으면 행복이 된다. 무
엇이든지 생각하고 인식하기 나름이다. 불행을 맛보았기에 행복의
맛을 알리라 마냥 행복의 자리에만 있어서야 어찌 행복의 진가를
알겠는가? 그렇다고 하여 일부러 행복을 버리고 불행을 자초할 일
은 아니지만, 전날에 불행의 경험이 있었으므로 오늘의 행복에 대한
참다운 진가를 깨닫는다는 의미다.

"너희는 이전 일을 기억하지 말며 옛날 일을 생각하지 말라" (이사
야 43:18)라고 하였다.

불행했던 과거를 한사코 되새길 것은 없다. 그러나 한때 불행의
터널을 지났기에 오늘의 행복이 펼쳐졌음을 잊지 말자. 그리고 오늘
의 이 불행을 참고 견디면 반드시 광명한 행복의 광야가 펼쳐진다
는 꿈과 기대를 갖고 힘차게 살자.

쥐구멍에도 볕들 날이 있다고 하였다.

"명령을 지키는 자는 불행을 알지 못하리라 지혜자의 마음은 때와 판단을 분변 하나니 무슨 일에든지 때와 판단이 있으므로 사람에게 임하는 화가 심함이니라 사람이 장래 일을 알지 못하나니 장래 일을 가르칠 자가 누구이랴" (전 8:5-7)

눈물이 매마르면 기쁨의 나래를 펴지 못한다

주체하기 힘든 슬픔에는 눈물도 매마른다. 눈물에도 감정의 한도가 있기 때문이다. 비단 슬픈 일에만 꼭 눈물이 나오는 것은 아니다. 기쁜 일에도 감격에 북받쳐 눈물이 쏟아진다. 눈물은 인생 여정의 단비와도 같다. 인생을 살다 보면 눈물을 흘려야 할 때가 한두 번이 아니다. 감성이 예민한 젊은 시절에는 더욱 눈물이 자주 난다. 그러나 세상의 오만 풍상을 다 겪고 나면 웬만한 일에는 좀처럼 눈물이 흐르지 않는다. 처음 아버지의 죽음을 맞이할 때는 끝도 없이 울었다. 몇 년을 눈물 흘렸다. 그리고 10여 년 후 어머니의 죽음을 맞았을 때는 오히려 눈물도 나오지 않았다. 슬픔과 고독이 심성 깊이 잠재되어 감정이 억제되기 때문이다. 참으로 슬픔의 진가를 알게 되면 차라리 눈물이 흐르지 않는다. 그러다가 어느 날 눈물의 보가 터시면 감당할 수 없으리라.

당신의 인생길에서 슬픔과 고통의 눈물은 사라지고, 기쁨과 환희의 눈물만 있기를 진심으로 축원한다.

"주께서 나의 슬픔이 변하여 내게 춤이 되게 하시며 나의 베옷을 벗기고 기쁨으로 띠 띠우셨나이다." (시 30:11)

"그러므로 너희가 기쁨으로 구원의 우물들에서 물을 길으리로다." (사 12:3)

사람의 종인가, 하나님의 종인가?

✝

　예수님은 죄인을 구원하려고 이 땅에 오셨다. 최초의 사람인 아담이 죄인이므로 모든 사람이 죄인이다. 하나님께서는 사람을 죄에서 구원하시고자 독생자 예수 그리스도를 보내 주셨다.

　목회자는 하나님의 이 사역을 함께 맡은 자들이다. 시대가 변하고 경제가 성장하여 문화가 사람의 입맛에 따라 흐르다 보면, 목회자도 거기에 편중되어 하나님의 종보다 사람의 종으로 전락할 위험이 뒤따른다. 하나님은 사람을 사랑하신다. 사람에게 사랑을 주시려고 사람을 불러 하나님의 종으로 세우셨다. 그러므로 목회자는 하나님의 사랑을 가득가득 담아 사람들에게 나누어 주어야 한다. 여기서 난제가 발생한다. 사람을 위하여 하나님의 사랑을 전달하니 사람의 종이 아닌가? 그런데 그렇지가 않다. 사람은 진정한 하나님의 사랑을 싫어하고, 거부하며, 원하지 않기 때문이다.

　하나님의 사랑은 순종에서부터 비롯되는데, 이미 첫 사람 아담은 하나님께 불순종하고 선악과를 따 먹어 하나님께로부터 떠났으며, 사단의 종이 되었다. 그러므로 사람은 하나님의 형상인 본질이 변하여 하나님의 사랑을 거부하며 싫어한다. 그에 대한 증거로, 하나님의 사랑은 하나님의 말씀을 들음으로부터 주어지는데, 사람들은 하나님의 말씀 자체를 듣기를 거부하고 싫어한다. 사람들이 하나님의 말씀 듣기를 싫어하고 예수님을 싫어한 증거들을 성경 말씀에서 찾아보면, 다음과 같다.

"모세가 이와 같이 이스라엘 자손에게 전하나 그들이 마음의 상함과 가혹한 노역으로 말미암아 모세의 말을 듣지 아니하였더라" (출애굽기 6:9)

"모세에게 이르되 당신이 우리에게 말씀하소서 우리가 들으리이다 하나님이 우리에게 말씀하시지 말게 하소서 우리가 죽을까 하나이다." (출 20:19)

"대저 이는 패역한 백성이요 거짓말 하는 자식이요 여호와의 법을 듣기 싫어하는 자식이라" (이사야 30:9)

"그들이 듣기를 싫어하여 등을 돌리며 듣지 아니하려고 귀를 막으며" (스가랴 7:11)

"내 말을 듣기 싫어하는 자들에게는 잘되어 간다고만 하고, 제멋대로 사는 자들에게도 재앙이 내릴 리 없다고 한다." (예레미야 23:17)

"예레미야가 여호와께서 명령하신 말씀을 모든 백성에게 전하기를 마치매 제사장들과 선지자들과 모든 백성이 그를 붙

잡고 이르되 네가 반드시 죽어야 하리라” (렘 26:8)

“그들이 돌을 들어 치려 하거늘 예수께서 숨어 성전에서 나가
시니라” (요한복음 8:59)

“유대인들이 다시 돌을 들어 치려 하거늘” (요한복음 10:31)

“사람들이 건전한 가르침을 듣기 싫어할 때가 올 것입니다. 그
때에 그들은 자기네 귀를 만족시키기 위해서 마음에 맞는 교
사들을 끌어들일 것입니다” (딤후 4:3)

사람들은 하나님의 진정한 사랑의 말씀을 들으려 하지 않는다. 자
기의 욕심을 채우려 하고, 자신의 명예를 자랑하려 하고, 자기의 뜻
을 주장하려 하고.

이 모든 것들은 타락한 죄인들의 본질적 주장이다. 그러나 하나님
의 사랑은 이와는 정반대다. 자기의 욕심을 비워야 하고, 자신의 명
예를 내려놔야 하며, 자기의 뜻을 포기해야 한다.

그런데 생존 경쟁 시대에 몸담고 있는 사람들이 이런 하나님의 사
랑을 좋아하겠는가?

종은 주인의 뜻에 복종하는 것이다. 사람의 종이면 사람의 뜻에
복종하고, 하나님의 종이면 하나님의 뜻에 복종해야 한다. 이 시대
의 목회자는 사람의 종인가 하나님의 종인가? 종은 자신의 이름도
종이요 권리도 종이다. 오직 종일 뿐이다. 존재 그 자체가 주인을 위
함이다. 그것이 종의 존재 가치다.

예수님은 사람을 사랑하기 위한 하나님의 종으로 이 땅에 오셨다. 그런데 사람들은 예수님을 복종시켜 사람의 종이 될 것을 요구하였다. 그러나 예수님께서는 십자가의 고난과 죽으심으로 당신이 진정 하나님의 종이심을 증거하셨다. 당신의 생명 속에 하나님의 사랑을 담아 십자가 위에서 사람들에게 쏟아부어 주신 것이다.

사람의 종은 사람의 욕구를 보지만, 하나님의 종은 사람의 필요를 본다. 사람의 결핍을 본다. 하나님의 종은 신뢰와 덕망을 잃지 말아야 한다. 하나님의 종은 사람에 관한 얘기를 하지 말고, 하나님에 관한 말을 해야 한다. 하나님께서 누구에게 무엇을 어떻게 하셨는가. 사람에 관한 말에서 하나님에 관한 말로 방향을 전환해야 한다.

인간 구원의 영적 책임은 교회에 있다. 교회 사역의 모든 책임은 목회자에게 있다.

목회자가 전적인 하나님의 종일 때, 인간 구원이 영적 책임인 교회 사역이 제대로 이루어진다. 교회는 부모들의 영성을 제대로 채워 주어야 그 부모들이 아이들의 영성을 위해 책임을 진다. 또한 교회는 아이들과 청소년들의 영성도 채워 주어야 한다. 그래야만 가정과 사회 속에서 젊은 세대와 기성세대의 영성이 균형이 이루어져서 하나님의 나라의 지속적 성장과 발전을 기할 수 있다.

며칠 전 신문에서 이런 기사를 보았다.

"교회에 사람을 즐겁게 하는 탤런트 같은 배우는 있어도 목회
자는 없다."

오성춘의 『영성과 목회』에서는 하나님의 종에 대하여 "종은 자신

의 권리나 의지를 내 세울 수 없고 주인의 의지에만 순종하여 주인이 맡겨주는 일을 철저하게 성취할 때에만 신실한 종이 된다."라고 기술하고 있다.

주인과 신실한 종의 관계는 한 몸, 한 생명이나 다름이 없어야 한다. 또한 종의 삶의 목표는 오직 주인의 뜻을 잘 받들어 성취하는데 두어야 한다. 종이 가지는 그 어떤 지식이나 모든 능력을 오직 주인을 위해 전력을 다하는 자가 곧 진정한 종의 자세다.

여기에 가장 충실하신 하나님의 종은 예수 그리스도이시다. 그는 자기 삶을 살지 않으셨으며, 자신의 생명의 종말을 맞지 않으시고, 철저히 하나님 뜻에 의한 하나님의 종으로서의 고난의 생을 마감하였다.

십자가는 인간으로서는 짊어지기에 매우 거북스럽고 저주스러운 것이다. 그러나 예수님은 그 십자가를 거부하지 않으셨고, 마다하지 않았으며, 외면하지 않았다. 그 십자가를 짊어지는 것이 하나님의 뜻이요 명령이요 우리 인간을 죄에서 구원할 최선의 길이었기 때문이다. 이 일은 하나님의 종으로서 최대의 사명이기도 하다. 교회에서의 목회자도 역시 예수님의 그 사명 완수의 책임과 길을 본받아야 한다. 그것만이 하나님의 종으로서의 본질이기 때문이다. 그 길이 고단하고 험할지라도, 외롭고 고통스러워도 목회자는 주님이 지신 십자가를 바라보면서 묵묵히 그 길을 가야 한다.

예수님은 이스라엘 중에서 오신 하나님의 준비된 참된 종이시다. 그러므로 모든 목회자는 예수님을 모범으로 삼고 따라야 한다.

"그가 곤욕을 당하여 괴로울 때에도 그의 입을 열지 아니하

였음이여 마치 도수장으로 끌려가는 어린 양과 털 깎는 자 앞
에 잠잠한 양 같이 그의 입을 열지 아니하였도다." (이사야
53:7)

"오직 흠 없고 점 없는 어린 양 같은 그리스도의 보배로운 피
로 된 것이니라" (벧전 1:19)

예수님은 죄를 지으신 일이 없고 그 말씀에도 아무런 거짓이 없
다. 예수님은 멸시와 천대 그리고 심한 모욕을 당하시면서도 모욕으
로 갚지 않으셨으며, 고통을 당하시면서도 위협하지 않으시고 정의
대로 심판하시는 분에게 모든 것을 다 맡기셨다. 예수님은 죽음을
넘어서 생명을, 십자가를 넘어서 면류관을, 부끄러움을 넘어서 영광
을, 비극을 넘어서 승리를, 거부를 넘어서 왕위의 보좌를 보았다.

여기서 W. Anderson의 그리스도 종의 삶의 법칙 몇 가지를 보
면, 다음과 같다.

① 종으로서의 그리스도인은 그리스도의 권위에 자신의 생각을
   복종시킨다. 그리스도의 말씀 앞에서 자신의 판단과 편견을
   포기하고 "너는 나와 상관없다. 그리스도가 나의 양심의 주인
   이다. 나는 그분의 말씀을 청종할 것이다."라고 말하면서 세상
   철학의 가르침과 제사장의 교훈을 경멸하고 돌아서는 것이다.

② 그리스도의 종으로서의 그리스도인들은 자신의 욕망을 만족시
   키고, 자신을 위로하고 치장하기 위하여 일할 때에 자신의 육

체를 그리스도의 통제와 규제에 위임시킨다. 즉, 말하는 입술, 일하는 손, 듣는 귀, 읽고 보는 눈 그리고 여행하고 움직일 때의 발 모두를 지칭한다.

③ 그리스도의 종은 주인의 생각과 법에 따라 자신의 가족을 규제한다.

④ 그리스도의 종은 가장 엄격한 정직함으로 그리스도의 법에 따라 자신의 사업을 행한다. 그리고 그리스도의 목적을 위하여 일정한 비율로 자신의 이익을 분배함으로써 가족을 부양하고 교육하며, 어느 정도 유산을 남기고, 나아가 상당한 정도까지 자신의 기호를 충족하는 데 사용한다.

⑤ 그리스도의 종으로서의 기독교의 국가는 그리스도의 것이므로, 그리스도의 영향이 미치는 한 최대한 그리스도의 목적을 위하여 그리고 그리스도의 법칙에 의해 규제받아야 한다.

하나님의 종은 무엇을 얻으려고 일하는가? 단순히 돈을 얻기 위해서는 아무 일도 할 수 없다. 그것은 하나님을 매우 슬프시게 하는 일이기 때문이다. 하나님의 마음에 합당치 못한 일을 했을 때 하나님은 그의 성령을 거두어 가신다. 그리고 그로 하여금 무능한 사람이 되게 하신다. 하나님의 종은 오직 하나님의 명령을 받아 일해야 한다. 그러므로 하나님의 종은 수많은 괴로운 경험을 하고 난 후에야 비로소 정도의 길을 가게 된다. 하나님 종의 마음속에 언제나 빛나는 것은 그리스도의 얼굴이다. 성령이 떠나고 그리스도의 얼굴이 사라지는 일은 하나님의 종에 있어서는 매우 슬프고도 괴로운 일이다. 하나님의 종은 자신의 명예를 얻기 위해서도 아무 일도 할 수 없다. 하나님의 종은 사람을 위해서 일하는 것이 아니므로 사람들에게 알려질 필요가 하나도 없기 때문이다. 오직 하나님께만 알려지고, 그의 쓰임만을 받는다. 마치 날씨가 개든 흐리든 땅의 그 모양은 변하지 않듯이, 하나님의 종은 칭찬을 받든 비난을 받든, 조금도 그 의지가 변하지 말아야 한다. 쇳조각이 자석에 붙듯이 하나님의 종은 언제나 하나님께만 붙어 있어야 한다.

　목회자가 하나님을 만나지 못하면 성도들 또한 하나님을 만나지 못한다.

하나님의 길

하나님의 길은 어디 있습니까?
하나님의 길을 찾아 선한 눈물을 머금는 사랑하는 친구들이여!
파~란 하늘에 붉은 태양은
여러분을 향하신
우리 하나님의 기쁨의 웃음입니다.
오늘도
우리의 심령 속 깊이 박힌
진주를 한 아름 캐내는
환희의 하루가 됩시다.

거기에

하나님의 길이 열릴 것입니다.

주 예수 그리스도는 하나님의 길입니다.

"예수께서 이르시되 내가 곧 길이요 진리요 생명이니 나로 말

미암지 않고는 아버지께로 올 자가 없느니라" (요 14:6)

슬픔이 변하여 기쁨이

시대는 편해도 영은 변함이 없다.

사람은 변해도 하나님은 변함이 없으시다.

지식은 변할지라도 성경, 하나님의 말씀은 결코 변함이 없다.

사람의 취향을 따르지 말고 하나님의 뜻을 구해야 한다.

이 시대를 사는 사람들에게 하나님의 말씀을 영의 양식으로 공급

하자.

그러기 위해서는 자신이 먼저 참다운 영의 양식으로 충만하게 채

워져야 한다.

호수의 물은 가득 채워지기 전에는 결코 넘쳐흐름이 없다.

"이달 이날에 유다인들이 대적에게서 벗어나서 평안함을 얻

어 슬픔이 변하여 기쁨이 되고 애통이 변하여 길한 날이 되었

으니 이 두 날을 지켜 잔치를 베풀고 즐기며 서로 예물을 주

며 가난한 자를 구제하라 하매" (에스더 9:22)

"주께서 나의 슬픔이 변하여 내게 춤이 되게 하시며 나의 베옷을 벗기고 기쁨으로 띠 띄우셨나이다" (시편 30:11)

시간

†

시간은 환경을 조성한다. 환경은 시간 안에 존재하며 시간의 실존이다. 희로애락이 시간 위에서 펼쳐지고 시간 속으로 흡입 된다. 시간은 항상 새롭다. 새로운 것만이 시간이다. 지나간 것은 이미 시간이 아니다. 한 번 지나가 버린 시간은 다시는 되돌아오지 않기 때문이다. 시간은 아주 서서히 그리고 급하게 모든 것을 자라게 한다. 늙게 한다. 사라지게 한다. 새것을 탄생시킨다. 모든 시간은 더 빠름도 더 느림도 없다.

시간은 언제나 동일함이 변함이 없다. 시간에는 악한 시간도, 선한 시간도 따로 없다. 선과 악이 그 시간 속에서 잠시 펼쳐졌다가 사라질 따름이다. 그 무엇도 시간을 붓 잡을 수 없고, 어느 시간도 아무것에도 붙잡히지 않는다. 세상만사가 시간 위에 수놓아졌다가 사라져 갈 뿐이다. 그러므로 어느 시간에도 아무것도 묻혀 있는 것이 없나. 시간은 모든 것을 내려놓고 지나갈 뿐이다. 슬픔과 고통의 절규도 환희의 함성도 시간은 한사코 외면한다. 그런 것들을 현실 위에 두고 시간은 그냥 지나친다. 상처의 아픔도 치유의 기쁨도 시간은 아랑곳하지 않는다. 그렇다고 시간은 냉정하지도, 잔인하지도 그리고 다정하지도 않다. 시간은 항상 지나가고 오직 새로울 뿐이다.

시간은 언제나 피어오르는 꽃이다. 솟아오르는 물이다. 시간은 이글거리며 타는 붉은 태양이다. 시간은 언제나 새롭게 내쉬는 숨결이다. 시간은 존재한다. 하지만 시간은 손에 잡히지 않는다. 붙잡는 손은 있어도 붙잡힌 시간은 없다. 그래도 시간은 존재한다. 시간 그자체가 곧 존재다. 그러므로 시간은 한순간도 머물지 않는 존재요 존재가 없는 존재다.

시간은 나에게 주어졌다. 그러나 그 시간은 내 것이 아니다. 삶 속에서 내게 주어진 그 시간을 언젠가는 다시 하나하나 반환해야 하기 때문이다. 그러므로 인간의 삶이란 결국, 처음 생명이 형성될 때 받았던 그 시간을 하나하나 반납하고 되돌리는 것이라 할 것이다. 받은 그 시간이 하나도 남김없이 다 반환되었을 때, 생명도 삶도 끝나는 것이다.

그러므로 누구든지 다른 사람의 시간을 침범하면 안 된다. 다른 사람의 시간을 침범한다는 것은 다른 사람을 괴롭게 하거나, 불행하게 하거나, 속이거나, 그 사람과의 약속된 시간을 어기거나 하는 것들이다.

시간은 사용함으로써 그 가치를 갖는다. 시간을 어떻게 사용하느냐에 따라 이득을 얻고 손해를 보기도 한다. 슬픔이 되기도 하고, 고통과 괴로움을 얻게도 되며, 기쁨과 행복을 맛보게도 된다. 시간을 어떻게 사용하는가 여하에 따라 원하는 것을 얻기도 하고, 잃기도 한다. 시간을 어떻게 쓰느냐 하는 것은 개개인의 자유다. 쓰지 않고 두면 헛되이 흘러가 버리고, 휴식의 시간을 가지면 많은 에너지가 회복되기도 한다. 따라서 시간을 아끼는 것도 매우 중요한 일이지만, 헛되이 낭비하는 것도 대단히 불행한 일이다.

시간은 모든 존재와 상황들을 떠받들고 있다. 그리고는 다시 시간 속으로 침몰된다. 시간은 마치 거대한 블랙홀과도 같은 것이다.

시간은 어떻게 말로 설명하기가 곤란하다. 어떤 철학자는 시간을 이렇게 정의하기도 한다.

"시간이란 우리가 그 아래서, 사건들을 피차에 관계시키며, 동시에 우리들 자신에게 관련시키는 사상의 형식이다."라고 하였다.

사람의 생활이 권태로운 것은 그 사람의 시간이 어떤 알찬 것들로 채워지지 않기 때문이다.

시간은 기회다. 시간에는 두 가지가 있다. 사람의 시간 '크로노스(Chronos)'와 하나님의 시간 '카이로스(Kairos)'다. 바울이 엡 5:16에서 "세월을 아끼라"고 한 말은 이 카이로스의 시간을 말한 것이다.

인간은 자유 하는 주체이다. 이 자유 하는 인간을 위해서 미래는 시간 속에 열려 있다.

시간은 만인에게 평등하다. 시간은 아무에게도 특혜를 주지 않는다. 공평무사하게 인간들에게 기회를 준다. 그러므로 우리들 사이에 결과적으로 차이가 생기게 되는 것은 시간의 분량 때문이 아니라 시간의 관리 때문이다. 아놀드 베넷(Arnold Bennett)이 말하기를, "하루 24시간을 사는 깃, 이것이 우리 각자가 살도록 주어진 시간이다. 이것이 곧 시간의 강제적인 민주주의다."라고 했다.

다음으로, 시간은 상대적이다. 우리가 조용한 서재에서 책을 읽는 한 시간이나, 전쟁에서 치열한 싸움을 싸우는 한 시간도 마찬가지 한 시간이다. 우리가 감방에 들어가 있으면 시간은 무척 느리게 기어가는 것 같고, 낭만적인 달빛 아래서 사랑을 속삭일 때는 시간이 날아가는 것같이 빠르다. 그러므로 우리의 시계는 같은 모양으로 잴 수 있으나, 우리의 감정은 그렇게 할 수 없다.

시간은 긴급성을 가지고 있다. 예수님께서는 "때가 아직 낮이매 나를 보내신 이의 일을 우리가 하여야 하리라. 밤이 오리니 그때에는 아무것도 일할 수 없느니라" (요 9:4)라고 말씀하셨다. 누구든지 어떤 사명(Mission)을 받은 자에게는 시각을 다투는 긴급성이 있다. 예수님께서는 하나님의 나라가 가까이 왔다고 하신 말씀 중에서 하나님의 나라는 우리가 손을 내밀면 잡히리만치 바로 우리들 문 앞에 박두하였다는 긴급성에서 말씀하셨다. 우리 앞에 남은 시간은 많지 않다. 최후 결판의 날이 올 것이다. 우리는 빨리 회개하고 빨리 생활을 정돈하고, 우리의 책임을 완수하고서 하나님의 최후의 심판의 날을 기다려야 하겠다.

시간은 하나님의 창조물이다. 시간의 창조는 창조의 첫 번째 작품이었다. 네 번째 창조의 날에 태양과 달, 별의 창조로 말미암아 시간 안에 질서가 부여되었다. 그것들은 시간, 날, 년의 규정을 만들었다.

인간의 시간이 끝날 때에 하나님의 시간이 도래한다.

시간은 유한하고 영원은 무한하다. 약 1:7에 하나님을 말할 때 "그는 변함도 없으시고 회전하는 그림자도 없으시니라"고 하나님의 영원성을 말하고 있다. 한편 인간의 짧은 시간의 표현으로는 꽃, 안개, 꿈, 밤의 한 경점, 이미 내뱉어진 이야기 등. 욥 7:6에서는 이쪽저쪽 신속하게 왕래하는 베틀의 북. 또는 신속하게 짜여지다가 아마도 실이 없어 갑작스럽게 중단되어 버린 베로 표현되어 있다. 시간은 고대인들에 의해서 '달려가는 것이 아니라 날아가는 것이다'.

'세네카'는 이렇게 말했다.

> "죽음은 노인에게는 그 얼굴 앞에 있어 보이지만 젊은이에게
> 는 바로 그 등 뒤에 있을 것이다."

그렇기 때문에 세상적인 기쁨과 쾌락은 헛된 것이다. 요나의 박 넝쿨처럼 이것은 밤에 솟아났다가 밤에 시들어 버린다.

시간은 곧 삶이다. 삶의 모든 일들이 이 시간 안에서 이루어지고 사라지기 때문이다. 그러므로 우리는 이 시간의 중요성을 알아 잘 관리하고 맞이하고 보내야 할 것이다. 제아무리 중요하고 좋은 일이라도 이 시간을 놓쳐 버리면 허사가 된다. 또한 시간은 모든 일을 해결해 주는 마법사이기도 하다. 어떤 질병은 시간이 지나면 자연 치료 되기도 하고, 참기 힘든 고통도 시간이 지나면 자연 치유가 이루어지며, 극단적 고난과 슬픔, 분노도 시간은 잠재워 주는 좋은 치료사다.

시간은 생명이다. 모든 생명이 시간 속에서 니오고, 시간 속으로 사라진다. 그러므로 모든 존재는 시간 위에 떠 있다. 마치 배가 물 위에 떠 있는 것처럼.

시간은 삶이다. 삶은 시간의 흐름으로 시간 위에서 펼쳐진다. 시간은 생명이다. 모든 생명은 시간 위에 놓여 있다. 시간은 생명을 푸

르게 하고 붉게 물들이기도 하고, 낙엽이 되어 떨어지기도 한다. 모든 생명은 시간 위에서 피어나고, 성장하고, 사라진다. 시간은 바람이다. 가만히 멈춰 있는 바람은 없다. 죽음 위에서도 바람은 불고, 시간은 흐른다.

"범사에 기한이 있고 천하 만사가 다 때가 있나니

날 때가 있고 죽을 때가 있으며 심을 때가 있고 심은 것을 뽑

을 때가 있으며

죽일 때가 있고 치료할 때가 있으며 헐 때가 있고 세울 때가

있으며" (전 3:1-8)

"풀은 마르고 꽃이 시듦은 여호와의 기운이 그 위에 붊이라

이 백성은 실로 풀이로다." (사 40:7)

시간은 인간이 계속 즐기려 하는 행복한 순간을 용서 없이 지나가 버리게 하고 빼앗아 버리기도 하는 잔혹한 주인인 동시에 또한 인간의 고통이나 비탄(悲歎)에 망각(妄覺)의 베일을 씌워 그 아픔을 덜게 해 주는 자비(慈悲) 깊은 도움의 손이기도 하다.

생물은 각기 고유의 시간을 지니고 있다. 시간은 어떤 것에는 빠르게, 다른 어떤 것에는 느리게 흐른다. 인간은 달팽이가 젖은 나무를 기어오르는 것을 보고 그 느린 행동에 놀라지만, 달팽이 자신은 자기의 속도가 빠르다고 느낄 것이다. 인간에게도 시간의 흐름이 빠르게 느껴질 때도, 느리게 느껴질 때도 있다. 그리고 일반적으로 현대인에게는 시간은 점차로 박차를 가하며 흘러가고 있는 것으로 느

껴진다.

이미 흘러가 버린 물로는 물레방아를 돌릴 수 없다. 백 명의 임금의 힘을 합쳐도 과거를 다시 불러 올 수는 없다. 왜 과거의 일로 슬퍼하고 괴로워하는가. 그대가 인생을 사랑한다면 시간을 낭비하지말라. 시간은 인생을 구성하는 재료다. 같이 출발하였는데 세월이지난 뒤에 보면 어떤 사람은 뛰어나고, 어떤 사람은 낙오가 되어 있다. 이것은 하루하루 주어진 자신의 시간을 잘 이용했느냐 허송했느냐에 달려 있다.

시간은 과거와 미래가 맞닿는 한 점이다. 그러므로 인간의 생활은시간 속에 흘러가는 것이 아니라 과거와 미래가 맞닿는 곳, 현재라고 부르는 곳의 그 한 점 위에 있다. 현재라는 이 한 점의 연속, 그것이 곧 시간이요 생활이다. 이 한 점에 있어서만 인간은 자유롭다.따라서 현재 속에, 다만 현재라는 속에서만 참 인간의 생활이 있다.

죽음은 누구든, 아무도 그리고 아무것도 기다리지 않는다. 그러므로 인간에게 있어서 이 세상에서 가장 중요한 일은 그가 지금 하는 현재의 일이다.

시간이란 없다. 있는 것은 일순간뿐이다. 그리고 그곳, 즉 일순간에 우리의 전 생활이 있다. 그러므로 이 순간에 있어서 우리는 모든힘을 발휘하여야 한다.

다시 한마디로 말하면, 있고도 또 없는 것이 시간이다. 자기의 것으로 만들지 않는 한 시간은 더 이상 시간이 아니다. 시간을 붙잡기위해선 실천적으로 살고 능동적으로 살아야 한다. 그렇게 흘러가는시간을 내 것으로 만들 수 있다. 오직 성취된 일 위에 시간의 존재

가치가 살아있기 때문이다. 시간을 이용해 무엇인가를 함으로써 시간은 시간이 될 수 있으며, 아쉬운 시간을 얻으려면 언제나 시간을 사용하는 데 능동적이고 실천적이어야만 한다.

시간을 헛되게 보내는 생활을 하지 않는 한, 시간은 언제나 있으며 시간을 부족하게 생각하거나 하는 수도 없을 것이다.

그대의 인생은 지금 몇 시인가?

"풀은 마르고 꽃은 시드나 우리 하나님의 말씀은 영원히 서리라 하라" (사 40:8)

인생도 풀이나 꽃처럼 싹이 틀 때가 있고, 꽃이 활짝 필 때가 있고, 녹음 우거질 때도 있으나 얼마 안 가서 시들고 말라 땅에 떨어질 때가 온다.

그러나 영원한 것이 있으니, 그것은 오직 하나님의 말씀이다.

세월

✝

세월은 무엇을 먹고 그렇게 잘도 달리는가!
쉼도 없고 게으름도 없고, 늙음도 없이
꿈도 젊음도, 삶의 흔적도
세월이 모두 삼켜 버렸다.
세월이 남긴 것은 오직 한숨뿐
내 마음에 외로움의 씨를 뿌렸다.
세월은 무엇을 먹고 그렇게 잘도 달리는가!
계절도 없고 밤낮도 없이
앞산 고운 진달래도, 북녘 하늘 기러기 떼도,
억만의 역사 누리의 만상을
세월이 모두 삼켜 버렸다.
세월은 무엇을 먹고 그렇게 잘도 달리는가!
베틀의 북처럼 초원의 말처럼!

2016. 12. 28.

세월은 모든 것을 품는다.
상처도 미움도 세월은 사랑도 품는다.

바다가 고기를 품듯, 하늘이 별을 품듯,

세월은 그렇게 만상을 품는다.

세월은 모두를 품는다.

너를 품고 나를 품고,

세월은 우리를 품는다.

암 닭이 병아리를 품듯

제비가 새끼를 품듯,

세월은 억만의 역사에서

사막의 모래알 같은 우리 모두를 품는다.

세월은 모두를 품고

어디까지 가려는가!

그렇게 가다가 어디에 멈추려는가!

세월아!

이제 우리를

여기에 그만 놓아다오!

이루지 못한 꿈을 너는 알겠지.

못다 이룬 사랑을

너도 안타까워하겠지.

세월아!

여기에 그만 우리를 놓아다오.

미움도 상처도 못다 이룬 사랑도,

원 없고 한없이 모두 씻어 버리고

새로운 새로움으로 한 번 더 이루도록!

태양은 매일 같은 모양이지만 달은 30일을 주기로 하여 매일 크기가 약간씩 다르다. 그렇기에 흐르는 시간의 명칭을 세월(歲月)이라고 한다. 달이 떴다가 지는 밤을 주기로 하여 날을 세고, 달을 세고, 년도를 계산한다.

하룻밤을 지나고 나면 하루를 살고 다음 날로 넘어가는 것이다.

그러므로 밤을 잘 보내야 한다. 인사할 때도 "밤사이 안녕하셨습니까?"라고 인사한다.

그러므로 낮과 밤이 합하여 하루가 되는 것이다. 이 하루의 역사는 우리 일생의 축소판이다. 낮의 활동을 이 세상 살았을 때의 실상이라고 한다면 밤의 숙면은 죽음 이후의 상황이다. 낮과 밤이 합하여 하루가 된 것처럼, 우리의 일생도 삶과 죽음이 합하여 일생인 것이다.

밤이 평안하려면 낮의 활동이 순조롭고 편안해야 한다. 낮의 활동이 불안하고, 거칠고, 복잡하면 밤이 편하지 못하고, 잠을 제대로 잘 수 없고, 악몽에 시달리며, 괴롭고 고통스러운 밤이 된다.

밤이 평안하지 못하면 삶이 고단하고 불행하다. 단잠을 자고 밤이 평안하면 삶이 기쁘고, 몸도 가볍고, 즐겁다. 하루의 일과를 끝내고 밤을 잘 보낼 집이 있고 따뜻하고 포근한 잠자리가 준비되어 있으면 안전하고 행복하다. 밤을 편히 보낼 집도 없고 잠잘 곳이 없다면 노숙자가 되고 불행한 것이다. 이와 같이 밤을 편하게 보내려면 낮에 잘해야 한다.

낮에 잘못하면 밤이 불안하다. 낮의 모든 활동이 평안한 밤을 준비하기 위한 것이다. 낮에 흩어졌던 가족들도 밤이 되면 만나고, 낮의 피곤하고 지치고 시달렸던 몸과 마음도 밤이 되면 평안한 안식을 취할 수 있다.

우리의 일생이 이와 꼭 같다. 세상에서의 삶이 사후의 세계를 준비하고 예비하는 것이다. 이 세상에서의 삶을 잘 살았으면 사후에 평안하고 안전하고 즐거운 영생이 주어지지만, 그렇지 못하면 괴롭고 고통스러운 지옥으로 떨어질 수밖에 없다. 그렇기에 하나님께서는 우리를 사랑하사 이 세상에 살 때 좋고 선한 삶을 살게 하시려고 길이 되시고, 진리가 되시고, 생명이 되신 독생자 예수 그리스도를 우리의 안내자, 인도자, 목자로 보내 주셨다. 그러므로 우리는 예수님을 믿고 구주로 영접하여 죄악의 짐을 벗어 버리고, 가볍고 성결한 생명으로 거듭나서 주님만 따라 살면 된다. 그러면 주님은 우리와 함께하시고, 이 세상에서도 기쁘고 즐거운 행복한 삶을 살게 하시고, 영생의 천국으로 인도해 주신다.

누구나 젊을 때는 눈앞에 당장 해야 할 일, 또는 하고 싶은 것들이 많다. 사후의 일을 생각하고 걱정할 여유도 관심도 없다. 그러다가 세월이 흘러 차츰 나이가 들어 가면 무심한 것이 세월이라고 세월을 탓하고, 원망하고, 아쉬워한다. 그러다가 더 나이 들어 고령이 되면 차츰 이 세상의 삶을 하나하나 단념하고, 죽음의 세계를 준비하게 된다.

낮의 일을 열심히 하다가 해 질 무렵이 되면 짐을 하나씩 챙겨 집으로 돌아갈 준비를 하는 것과 같다. 돌아갈 집이 마련된 사람은 발걸음이 가볍지만, 돌아갈 집이 없는 사람은 비참한 것이다.

서울에는 사람도 많고 집, 즉 주택도 참 많다. 서울 거리에 낮이면 그 많은 사람도 늦은 밤이 되면 모두 자기 집으로 돌아가고 거리가 썰렁해진다. 남산 위에 올라가 내려다보면서 '저렇게 많은 집들 중에 내 집은 하나도 없다니…' 하면서 한탄도 많이 했었다. 서울에서 약 20년간 사는 동안에는 계속하여 단칸방 사글세 방으로 전전긍긍하다가 1980년대에 의정부 가능동에 처음으로 대지 50평에 건평 25평의 단독 주택을 건축하고 이사하였다. 완전 천국이었다.

지금은 충주 살미면에, 대지 400평에 건평 35평의 전원주택을 건축하여 살고 있다. 천국이 더 큰 천국으로 업그레이드된 셈이다. 1997년 11월 12일에 충주시 봉방동에 봉방제일교회를 개척하여 18년간 시무하다가 2014년에 은퇴하고, 노후의 삶을 살고 있는 것이다.

매일 오전에는 글을 쓰고 12시에 점심을 먹고 호암지에 나가 약 2시간 동안 걷기 운동을 한다.

한 걸음, 한 걸음 걸으면서 되풀이하는 구호가 있다.

"주님 감사", "주님 은혜", "주님 보혈, 주님 보혈", "여기는 천국, 여기는 천국"….

인간에게서 세월은 야속한 것이다. 슬프건 기쁘건, 세월은 그것을 상관하지 않는다. 그저 앞을 향해 달리기만 하는 것이 세월이다. 두어 가지 일에 휘말리다 보면 세월은 어느새 저만큼 훌쩍 달아나 있다. 추위에 몇 번 움츠리다 보면 겨울은 다 지나가고, 진달래 향기 퍼지기도 전에 종달새 울음은 사라지고, 무더운 여름이 된다. 세월은 토라진 사랑과도 같다. 품에 안기는 듯하더니, 벌써 저만큼 달아나 있다

세월은 검은 머리를 희게 하고 윤기 난 이마에 주름을 만든다. 메마른 가지에 새움이 돋게 하고 낙엽을 땅에 묻고 흙이 되게 한다.

세월 안에는 억만 가지의 사건들이 모두 담겨 있다. 죽음의 일도, 삶의 일도, 나의 일도 너의 일도, 모든 인류, 태초에서부터 지금까지, 영원의 역사가 세월 속에 담겨 있다. 순간이 모여 시간을 이루고, 시간이 모여 날을 이루며 날들이 모여 세월을 만든다. 시간이 세월이 되기 전, 시간을 아껴야 한다. 시간을 아낀다는 것은 헛된 일에 시간을 허비하지 말라는 의미다. 시간 안에 무슨 일을 하느냐에 따라 예수 그리스도를 알 수도 있고, 떠날 수도 있다. 우리는 예수 그리스도를 영접하는 일에 방해되는 그 어떤 것이라도 즉각 퇴치하도록 노력해야 한다.

세월은 육체의 아름다움을 땅에 묻는다. 하지만 영은 묻지 못한다. 육체적으로 보면 삶은 죽음에 이르고, 무덤을 향하여 언덕길을 천천히 그리고 필연적으로 올라가지만, 그러나 영은 하나님을 향하여 정상의 길을 오르는 것이다. 우리는 세월을 결코 두려워해서는 안 된다. 왜냐하면 세월은 죽음을 향해서라기보다 오히려 하나님의 영원한 나라를 향하여 우리를 이끌기 때문이다.

세월은 나 자신을 중심으로 한, 내게 주어진 전 생애다. 그러므로 이 짧게 주어진 인생이란 사람마다 주어진 그 시간이 다 다르다. 짧게는 하루, 단 한 시간 이내일 수도 있고 길게는 100년이 넘을 수도 있다.

"너희는 어떻게 행할 것을 자5의하여 지혜 없는 자 같이 하지 말고 오직 지혜 있는 자 같이 하여 세월을 아끼라" (잠 23:5)

세월 속에서의 시간은 영원한 내 것은 단 1초도 있을 수가 없다. 단 한 순간도 머물러 있지 않고 흘러가기 때문이다.

그러므로 재물과 시간은 같은 것이고 또한 다른 것이다. 영원히 내 것이 아님은 같은 것이고, 재물은 살아 있는 동안 많이 모을 수도 있고, 아껴서 쓸 수도 있다는 점으로는 다르다고 할 수 있겠다.

로마 속담에는 '세월보다 빠른 것은 없다'라고 하였고, 영국 속담에는 '세월은 사람을 기다려 주지 않는다'라고 하였다. 세월은 나를 기다려 주지 않는다. 누가 가는 세월을 붙들 수가 있으며 오는 백발을 막을 사람이 있겠는가! 그러므로 잘 때 자고 쉴 때 쉬더라도 깰 때 일어나야 하고, 일할 때 부지런히 일해야 하며, 전도할 때 전도하고, 봉사할 때 봉사하며, 사랑할 때 사랑해야 한다. 즉, 좀 더 규모 있고 자랑할 만한 규칙적이고 재미난 신앙생활을 해 보자는 것이다.

> "여름에 거두는 자는 지혜로운 아들이나 추수 때에 자는 자
> 는 부끄러움을 끼치는 아들이니라" (잠 10:5)

> "외인에게 대해서는 지혜로 행하여 세월을 아끼라" (골 4:5)

시간을 아끼라는 것은 시간을 붙잡으라는 것이다. 시간을 붙잡으라는 것은 무익한 시간을 그냥 흘려 보내지 말고 무언가 창출해 내라는 것이다. 시간은 생산의 원동력이다. 시간 안에 시간을 활용하여 무언가를 위해 활동하면 보람 있는 시간을 알차게 활용할 수 있어 후회 없는 보람찬 삶을 살게 된다. 움직이는 시간과 함께 몸을 움직이고, 마음을 움직이고, 생각을 움직여야 한다. 오해의 마음에

생각을 고정시키고 움직이지 않으면 불화는 풀리지 않는다. 그러나 약간 다른 각도로 생각하고, 마음을 조금만 움직이면 평화는 금세 찾아온다. 흐르는 물은 이끼가 끼지 않는다고 하였다.

어쩌면 세월은 쉴 새 없이 흐름으로 늙지 않을지도 모른다.

왜 세월을 아끼고 시간을 아껴야 하는가? 시간은 가장 귀한 것들 중 더욱 귀중하기 때문이다. 시간은 짧고 불확실하다. 시간을 알고 느낄 때 들여다보면 어느새 귀한 시간은 저만치 지나가 버렸다.

우리는 잃어버린 시간을 도로 찾아야 한다. 사실상 이미 지나가 버린 시간은 되돌릴 수 없다. 바람처럼 왔다가 사라져 버린다. 그러나 어리석었던 과거를 반성하고, 새로운 미래를 열어 간다면 우리는 잃어버렸던 시간을 되찾는 것이 아닐까!

우리는 남아 있는 시간을 아끼고 마음을 좀 더 지혜롭게 하지 않으면 또 후회스러운 과거를 만들게 될 것이다. 이미 주어진 한정된 시간을 잘 관리하고 선용하느냐에 따라서 그 사람의 삶이 결정된다 하겠다.

시간의 흐름은 청년의 때와 노인의 때, 그 느낌과 속도가 다르다. 청년의 시절엔 하루는 짧고 한 해는 길다. 그러나 노년의 시절에는 하루는 길고 한 해는 짧다. 왜 그런가? 청년은 희망의 꿈을 가졌고, 노인은 회한의 아쉬움을 가졌다. 노인은 세월이 빠르다고 말하고, 청년은 앞길이 창창하다고 말한다.

시간은 누구에게나 가장 평등하고 공평하다. 더 빠르게, 더 느리게 가는 불평등이 없이 모든 사람에게 꼭 같은 속도로 흐르는 것이 시간이다. 지낸 뒤에 뒤돌아보면 나는 언제 그런 시절이 있었던가 싶기도 하지만, 그것은 자기만의 아쉬움에서 생기는 것이다.

2018년 1월 1일, 지난 한 해가 하루처럼 지나갔다. 해가 바뀌는 새로움 같은 것도 젊어 한때의 감격인가 보다. 많은 세월이 지나다 보니 새해로의 벅찬 감격도 무뎌져 새로움도 없는 듯싶다.

나는 이렇게 몇 번쯤의 새해를 더 맞이할 수 있을는지….

사진첩 속의 젊은 모습에서 회한의 미소를 떠올려 본다.

만추(晚秋)

김옥근

사람의 글로 자연의 아름다움을
어찌 다 묘사하랴!
사람의 손으로 하나님의 솜씨를
어찌 다 그려 내랴!
사람의 소리로 새들의 노래를
어찌 다 흉내 내랴!

코스모스 위에 춤추는 잠자리 날개를
조용히 다가가 잡아 볼 뿐.
파란 하늘 저편 가득한 뭉게구름처럼
수북이 쌓인 나이에 한숨 지을 뿐.
이제는 역사위에 얼룩진 만상을 메고
속 빠른 세월의 옷깃을 살며시 접네!
태동의 모태에선 어머니의 기쁨이었다.
아장아장 처음 걸음에선 아버지의 희망이었다.
튀는 젊음에선 사회의 기둥이요 꽃이었다.
백년해로 언약할 땐 사랑의 감동이었고
반짝반짝 아이들의 조롱에는
시간의 무상을 망각하였지!

아름다움은 있는가?

✝

아름다움은 있는가!

이 세상에 아름다움은 있는가? 무엇이 아름다움인가? 어떤 것이 아름다움인가? 내가 보고 느끼기에 좋은 것, 내게 합당한 것, 내 마음에 들고 나를 즐겁고 기쁘게 해 주는 것, 그것이 아름다움인가? 우리 모두가 보고 느끼기에 좋은 것, 사람들 모두의 마음을 흡족하고 만족하게 해 주는 것, 그것이 아름다움인가? 그런 아름다움은 있는가? 슬프게 하지 않고, 아프고 괴롭게 하지 않는 것, 변하지 않고 깨어지지 않고 상하지 않는 것, 영원하고 손상되지 않으며 쭈그러들지도 않고 떨어지지 않는 것. 구김살이 없고 변색되지 않는 것, 소리 높이지 않으며 짜증 내지 않고 거부하지 않으며 싫어하지 않는 것, 아름다운 것. 싫증 나지 않고 부러지지 않는 것. 아름다운 것. 그런 아름나움은 있는가? 불평하지 않으며 원망하지 않고 미워하지 않는, 슬퍼하거나 낙담하지 않으며 한숨 쉬지 않는 것, 사랑하고 기뻐하고 즐거워하고 화평하고 화해하고 만족하며 웃음 짓는 그런 아름다움은 있는가?

꽃향기보다 더욱 아름다운 것은 우리 인간의 삶이다. 모든 분야에서 이와 같은 질서가 회복된다면 인간의 삶은 우주 안의 그 어떤 존재보다도 가장 아름다운 피조가 될 것이다. 하나님께서는 인간을 하나님의 형상대로 고귀하게 창조하셨기 때문이다.

하나님의 형상대로 창조된 인간은 아름답다. 죄가 없기 때문이다. 죄가 없는 것은 아름답다. 깨끗하기 때문이다. 욕심이 없고, 시기가 없고, 다툼이 없는. 죄의 불순물이 없는 순수한 것은 아름답다. 하나님은 최초의 사람 아담을 그렇게 창조하셨다.

선악과는 인간 의지의 표본이다. 사단은 선악과로 그들의 의지를 시험하였다. 그것은 유혹이다. 의지의 시험은 유혹이다. 하나님께서는 의지의 시험을 넘어 하나님을 선택하게 하셨다. 그것은, 그 선택은 아름다운 것이다. 예수님도 사단으로부터 그 의지의 시험을 받았다. 굶주림 후의 떡. 멸시와 천대 후의 권능과 왕좌. 그러나 예수님은 그 유혹을 의지로 모두 물리치시고, 고난의 십자가를 택하셨다. 그 선택은 아름다운 선택이다. 신령한 몸으로의 부활과 인류의 구원 그리고 하나님의 승리가 있기 때문이다.

선택의 의지는 아름답다. 선택의 의지에는 믿음이 뒤따라야 한다. 내 좋을 대로의 선택은 아름다운 의지의 결과는 아니다. 내가 좋아하는 것으로 가는 선택은 곧 죄다. 하나님의 영광, 영광, 영광으로의 선택! 그것은 아름답다.

하나님의 뜻은 생명나무로의 선택이다. 그러나 아담과 하와는 사단의 말을 따라 선악과를 선택하였다. 그것은 죄의 나무요 죄악의 열매다. 거기에는 아름다움은 없다.

무엇이 아름다움인가? 아름다움은 어디에 있는가?

비판하고, 원망하고, 저주하고, 시기하는 것은 아름답지 못한 것이다.

아름다움이란 조화다. 즉, 안과 겉의 일치된 조화, 모양과 태도의 일치, 몸과 정신의 일치, 다시 말해 육체적인 것과 영적인 덕행의 이상적인 순환, 일치되는 조화를 이루어야 한다.

하나님의 창조 안에는 빛나는 광채와 무한한 아름다움이 있다. 사람의 생각과 눈으로 볼 때에는 어리석고 어두운 것처럼 보이는 일이라도 하나님의 섭리 안에는 놀랍고 큰 아름다움이 들어 있다. 요셉이 형들의 미움을 사서 애굽에 노예로 팔려 간 일, 욥이 재산을 잃고 재난을 당한 일, 다니엘이 사자 굴에 들어간 일, 특히 그리스도께서 제자들과 유대인들에게 배신당하고 십자가에 못 박히신 일, 이러한 일들은 사람의 일로 생각할 때에는 매우 좋지 않은 일들이다. 그러나 이러한 일들을 하나님의 일들로 보고 또한 하나님의 의도와 그 결과에 따라서 볼 때에, 그 안에는 매력적인 아름다움이 들어 있고, 하나님의 아름다운 수많은 사랑의 속성들이 들어 있다.

H. W. 비처는 "신앙은 아름답다."라고 말했다.

그는 또 이렇게 말했다.

> "신앙의 모든 파편들은 햇빛에 빛나는 금 조각들처럼 아름답다. 우리는 그리스도에 대한 믿음 안에서 도덕적인 완전함을 향하여 한 걸음씩 나아감에 따라 아름다움에 보다 더 가까이 접근하게 되며, 결국에는 완전한 아름다움을 소유하게 된다."

예수 그리스도는 "나는 세상의 빛이다."라고 말씀하셨다.

사람이 예수 그리스도를 믿고 따름은 곧 어둠에서 나와 빛의 길로 행하는 것이다.

> "예수께서 또 일러 가라사대 나는 세상의 빛이니 나를 따르는 자는 어두움에 다니지 아니하고 생명의 빛을 얻으리라" (요 8:12)

> "너희가 전에는 어두움이더니 이제는 주 안에서 빛이라 빛의 자녀들처럼 행하라" (엡 5:8)

빛은 거짓을 몰아낸다. 거짓은 어둠을 동반한다. 그러므로 빛은 생명이요 생명은 아름다움이다. 예수 그리스도는 이 세상의 모든 어두움을 몰아내고 하나님의 빛으로 가득 차게 하셨다. 예수 그리스도는 아름다운 진리 그 자체이시다. 예수 그리스도에 대한 아름다움은 그의 전 생애, 그의 삶에서 볼 수 있다. 예수님은 노동의 아름다움을 지니셨다. 30년 동안을 아버지 밑에서 목수의 일을 하면서 땀을 흘리셨다. 땀 속에는 겸손과 온유의 아름다움이 있다. 그러므로 예수님은 죄인들의 친구가 되어 주셨고, 모든 수고하고 무거운 짐 진 사람을 위로하고 동정해 줄 수가 있었다. 예수님은 특히 자연을 사랑하고 가까이하셨다. 복음에는 놀라운 자연에 대한 시들이 기록되어 있다. 자연은 크고 아름다우며, 맑고 위대하다. 예수님은 이러한 자연 속에서 그 크고 깊고 맑고 그윽한 것을 벗하고, 배우고, 맛보며 살았다. 예수님은 사람들에게 쫓기고 괴롭힘을 당하면 산으로 그리고 바다로 가셨다. 낮에는 사람들을 가르치시고, 고쳐 주시고, 돌보아 주시다가 밤이 되면 산을 오르셔서 하나님 아버지께 기도하셨다. 예수님은 그 자연 속에서 숨 쉬고 울고 부르짖으며 생활하셨다. 그러므로 예수님에게는 크고 넓고 깊고 맑고 그윽함이 있다. 참됨이 있고, 사랑스러움이 있다.

예수님은 항상 하나님의 말씀인 성경을 가까이하셨다. 자연이 우리의 시각으로 볼 수 있는 물질로서 하나님의 위대한 솜씨 아름다움을 드러낸다면 성경은 보이지 않는 심오한 세계 정신적이며 영적 상태 그리고 인간의 마음을 다스려 준다. 성경은 하나님 편에서 말하면, 하나님의 뜻이요 계시다. 사람 편에서 말하면 아름다운 영혼들의 하나님의 뜻에 대한 체험들이다. 예수님은 어려서부터 노동과 자연과 성경을 가까이하여 그 속에서 하나님의 뜻을 찾으려 애썼다. 그리하여 거룩한 아름다움, 영광의 아름다움을 얻으셨다.

"하늘이 하나님의 영광을 선포하고 궁창이 그의 손으로 하신 일을 나타내는도다" (시편 19:1)

예수 그리스도는 우리에게서 아름다움의 의를 회복시키시려고 이 땅에 오셔서 십자가의 고난으로 보혈을 흘려 주셨다. 인간은 누구나 주 예수 그리스도를 구주로 믿고 영접함으로써 하나님의 백성으로 거듭나서 하나님의 형상이 회복되어 의에 이르러 참다운 아름다움을 간직하게 될 것이다.

"우리는 다 양 같아서 그릇 행하여 각기 제 길로 갔거늘 여호와께서는 우리 모두의 죄악을 그에게 담당시키셨도다." (53:6)

자연은 하나님의 품이다!

자연에 그리고 흙 속에 무한한 생명력이 있다.

자연의 모든 존재는 하나님의 창조물이다. 하늘의 해와 달 그리고 별들을 만드셨고, 땅과 땅 위의 동식물들 그리고 물과 공기 모든 것들을 하나님께서는 태초의 6일 동안에 창조하셨다. 이 창조물들을 자연이라고 칭한다. 사실은 자연이라는 호칭도 문자적으로 해석하면 맞는 말은 아니다. 자연(自然)이란 스스로 있는 것, 스스로 그렇게 된 것이라는 뜻이다. 그러나 이것들은 스스로 그렇게 된 것이 아니고, 하나님께서 일일이 창조하셨다. 이 모든 것들은 서로서로의 존재를 나타내며, 모든 생명체가 살아가는 데 필요한 빛과 공기와 물을 제공하고, 땅은 식물을 내어 먹거리를 제공한다. 이런 역사는 우연히 된 것이 아니라 하나님의 오묘하시고 신묘막측한 섭리와 계획과 설계에 의한 은총이다. 이들의 생태와 움직임과 살아 숨 쉬는 활동을 보시고 하나님께서는 기뻐하시며 영광을 받으신다. 새들의 노래가 태양의 햇살이 물소리, 바람 소리, 산속 짐승의 숨소리를 통하여 하나님은 만족함을 가지신다. 그러므로 인간 또한 손뼉을 치며 입술로 하나님을 찬양하며 허리를 굽혀 하나님을 경배해야 한다.

하나님은 자연의 질서와 숨결을 통하여 하나님의 손길과 사랑을 나타내신다. 각 생명의 연속성과 삶의 지탱을 위해 필요한 에너지들을 공급해 주신다. 여러 생명체들 중 사람이 위대하다 하여도 생명

연장과 생명 창조에 대해서는 아무것도 할 수 없다. 모든 것을 하나님께 의지하고 하나님께로부터 자연을 통하여 공급받을 뿐이다. 사람이 하는 일은 농작물의 경작이요 주신 씨를 보존하고, 경작된 곡물을 수확·가공하여 먹는 일이다. 흐르는 물과 신선한 공기를 마시고 호흡하는 일이다. 많은 세월이 흐르고 과학이 발달해도 그 법칙은 결코 변할 수 없다. 하나님께서 정하신 법칙이요 주권이기 때문이다.

흙 속에는 무한한 생명력이 있다. 어떤 씨앗이든 심는 대로 자란다. 모든 식물이 흙 속에 뿌리를 박고 살고, 자라고, 열매를 맺는다. 그리고 모든 동물 역시 그 땅 위에서 살다가 결국에는 흙에 묻혀 흙이 된다. 물론 그 흙 위에 물이 흐르고 비가 내리며 햇볕이 쬐고 바람이 불 때, 이 역사는 영원히 계속된다.

인간에게는 영안이 있다. 하나님께서 만물 중 오직 인간에게만 허락하신 하나님의 형상이다. 그 영안이 살고 뜨여야 하나님에 관계되는 모든 세계를 볼 수 있다. 그 영안이 죽고 감기면 하나님께 관계되는 아무것도 볼 수 없고, 알 수 없다. 첫 사람 아담이 사탄의 유혹에 홀려 선악과를 먹음으로써 영안의 기능이 죽고 말았다. 하나님께서는 독생자 예수 그리스도의 십자가에서 흘리신 생명의 피, 보혈의 능력으로 죽은 영안을 살리시고, 영안으로 볼 수 있도록 열어 주셨나. 그러므로 누구든지 주 예수 그리스도를 구주로 믿고 영접하여 회개하고, 구원을 받으면 영안이 열려 비로소 하나님과 하나님의 역사와 섭리 하나님의 모든 세계와 나라를 보게 된다.

이 진리야말로 진정한 아름다움이다.

육신의 눈으로 보면 자연은 그냥 자연일 뿐이다. 그러나 영의 눈

으로 보면 하나님의 숨결이요 손길이요 사랑의 품이다. 모든 생명을
만져 주시고, 매일매일 품어 주신다.

오해(誤解)

✝

　우리의 삶 속에서의 비극적인 갈등은 오해에서 비롯되는 경우가 대부분이다.

　오해란, 말하는 자의 뜻과 의도를 무시하거나 헤아리지 않고, 듣는 사람의 의도와 감정과 판단에 따라 임의대로 결정짓는 편견적 행동이라고 할 수 있다. 우리나라 속담에 '쑥떡같이 말하면 콩떡같이 알아들어라'라는 말이 있다. 사뭇 말하는 자의 의도와 그 말을 듣는 자의 입장이 서로 다를 수가 있기 때문이다. 사람은 누구나 모든 것을 자기 입장에 맞추어 생각하고 판단하기 때문이다. 그것이 또한 인간이 가지는 한계라 할 수 있다. 사랑했던 사람의 말도 오해하여 들으면 금세 틈이 생기고, 미움이 싹트며, 불신의 감정이 치솟게 된다. 절친한 친구 사이라고 할지라도 사소한 말로 오해하게 되면 멀어지게 되고, 분노하게 되며, 심하면 모함을 하고 원수같이 되기 쉽다.

　신앙에도 오해가 있다. 믿음은 들음에서 생기는 것인데, 하나님의 말씀을 잘못 듣고 오해하게 되면 오히려 불신자보다 못한 엉뚱한 믿음을 가지게 되어, 경우에 따라서는 타락하여 영원히 돌아오지 못할 불신의 강을 건너게 된다.

하루는 예수님께서 바리새인들에게 "너희가 이 성전을 헐라 내가 사흘 만에 다시 일으키리라" (요 2:19)라고 말씀 하셨다.

이 말씀은 예수님의 십자가의 죽으심과 부활을 의미하는 말씀이다. 그들이 아무리 예수님을 십자가에 못 박아 죽여도 사흘 만에 부활하여 주님의 몸 된 영원한 성전을 다시 세우신다는 의미다. 그러나 그들은 예수님의 그 진리의 말씀을 알아듣지 못하고, 그 말씀을 책잡아 계속하여 예수님을 핍박하고 모욕하였다.

어떤 말에 사람을 오해하는 것도 중요하지만, 오해를 받았을 때의 태도 역시 매우 중요하다. 오해를 받고도 분노하거나 변명하지 않고 오히려 침묵하는 것은 지극히 힘들고 어려우면서도 아주 가치 있는 품격이라 하겠다. 예수님은 바리새인과 사두개인 그리고 유대인들로부터 수많은 오해를 받고도 침묵하셨다. 그리고 당신이 가야 할 진리의 길을 오직 고난으로 묵묵히 걸어가셨다. 만약 예수님께서 그들의 오해에 대하여 일일이 대꾸하고 해명하고 변명하였다면, 거룩한 구원의 길을 가지지 못했을 것이다.

같은 말이라도 듣는 자의 해석과 이해에 따라 그 의미가 완전히 달라진다. 선의적 감정의 말도 악의적 감정으로 받아들이면 한마디의 말로 인하여 두 사람 사이는 원수지간으로 바뀌게 된다. 그러므로 말을 하는 기술도 필요하지만, 상대의 말을 잘 듣고 잘 이해하는 지혜도 필요하다. 문제는 말을 하고, 듣고, 하기 전에 평소 상대에 대한 감정과 이해가 더 먼저 필요하다 하겠다. 상대는 나 자신에게 있어서 과연 어떤 사람인가? 서로 간의 신뢰도는 어느 정도인가? 나에게 유익한 사람인가? 그렇지 못한 사람인가? 상대의 인격은 어느 정도인가? 그리고 무엇보다도 상대의 실수와 오류에 대한 나 자신의 이해의 척도는 어느 정도인가가 중요하다 하겠다. 왜냐하면 인간은 누구나 실수할 수 있기 때문이다. 상대가 나에 대해 실수하였을 때, 나는 그의 실수에 대하여 얼마나 관용적 태도를 갖고 이해할 수 있겠는가다. 만약 상대방에 대한 평소의 감정이 좋지 않았다면 그 사람의 입에서 나오는 모든 말은 내 귀에 별로 달갑게 들리지 않을 것이기 때문이다.

예수님은 말세를 사는 사람들을 향하여 이렇게 말씀하셨다.

> "귀 있는 자는 성령이 교회들에 하시는 말을 들을지어다." (계 2:7)

귀가 없는 사람이 어디 있겠는가? 말세가 되면 사람들의 귀가 막혀서 모든 진리의 말씀은 듣지 않고 달콤한 세상의 말에만 귀를 기울이고, 그리고 모든 말에 오해가 극심하여 갈등과 불화의 올가미로 뒤엉켜 있기 때문이다.

제아무리 질 좋은 쌀이라도 벼째로 그냥 밥을 지어 먹을 수는 없다. 정미 기계에 넣고 억센 껍질을 몇 번이고 벗겨 낸 다음, 양질의 쌀로 밥을 지어야 부드러운 밥을 먹을 수 있다. 마찬가지로 육신의 귀로는 듣고, 영의 귀로 해석하고 이해해야 한다. 그렇게 하면 가시 돋친 겉껍질은 다 빗거지고, 양질의 좋은 말로 살찌게 된다.

상대로부터 어떤 말을 들었을 때 부분적 평가를 내리고 섣불리 오해하기보다는 그 말속에 담긴 핵심적 의도, 다시 말해 그런 말을 하는 상대방의 본질적 마음의 깊이와 진실을 파악하려는 노력이 우선되어야 한다. 그것이 섣부른 오해를 방지하고 보다 참신한 인간관계를 형성하는 지름길이기 때문이다. 강은 건너가는 것보다 다시 건너오기가 더욱 힘든 법이다. 작은 오해로 불신의 강을 건너 서로의 사이에 금이 가게 되면, 다시 예전과 같은 좋은 관계로 되돌리기는 여간 어렵기 때문이다.

특히 그리스도인은 세상에서 영원한 나그네로서 작은 말 한마디로도 오해받기가 쉽다.

> "무릇 그리스도 예수 안에서 경건하게 살고자 하는 자는 핍
> 박을 받으리라" (딤후 3:12)

세상은 그리스도인을 이해하지 못한다. 아니, 이해할 수도 없다.

세상은 소경이요 귀머거리다. 바로 눈앞에 있는 진리의 말씀을 듣지 못하고 하나님의 나라를 보지 못한다. 세상은 그들의 수준과 한계를 벗어나지 못한다.

그러므로 어느 면에서 세상과 그리스도인은 물과 기름처럼 합일이 될 수 없다. 그러므로 또한 그리스도인은 잘 말하고 잘 들어야 한다.

오해는 결코 말에서만 오는 것은 아니다. 행동에서도 오해를 낳는다. 옛말에 "남의 배나무 밑에서 갓끈을 고쳐 메지 마라" 하였다. 멀리서 바라보는 사람이 자칫 나무에서 배를 따는 것으로 오해할 수도 있기 때문이다.

오해는 분위기를 반전시키기에 아주 좋은 매개가 된다. 앞을 향해 전진해야 할 일이 한 사람의 오해로 인하여 오히려 훨씬 더 뒤로 퇴보

하는 일은 얼마든지 많다. 다른 사람들은 모두 정상인데, 정작 나 한 사람만 오해하여 일을 그르친다면 그 얼마나 어리석은 일이겠는가?

오해한 사람이 많은 설득에도 쉽게 오해를 풀지 못한 것은 오해의 순간 모든 마음의 문이 닫혀 버리기 때문이다.

오해는 먼저 오해하는 당사자에게 상처와 분노와 괴로움을 준다. 오해가 풀리는 순간까지 오해로 오는 분노의 노예가 되어 괴로운 날을 보내야 하며 끝내 그 오해가 풀리지 않으면 영원한 상처를 안고 불행한 삶을 살게 된다.

오해는 거짓이요 죄악이다. 오해는 억울한 누명을 상대에게 뒤집어씌우기도 한다. 오해로 인한 누명 때문에 오랜 시간을 괴로워하다가 자살로 끝을 맺는 극단적이요 불행한 경우도 우리 주변에서 가끔 볼 수 있는 일이다. 오해란 이렇게 무서운 것이다. 오해는 상대방의 자존심을 꺾는 것이요 우리의 인격을 매장시키는 일이다.

그러므로 어떤 일에 오해가 생겼을 때에는 당사자끼리 서로 만나 상황과 진실을 솔직하게 말하고, 속히 그 오해를 풀어야 할 것이다.

사람은 누구나 부족하고 불완전하다. 어떤 때는 우리의 눈이 근시안이 되어 스스로도 속을 때가 있다. 아무도 우리를 바르게 이해해 주지 못할 때, 우리는 우리의 마음을 우리 주님께로 돌려서 예수 그리스도의 얼굴에 있는 하나님의 형상을 바라봐야 한다. 사람은 사람을 외모로 보지만, 하나님은 중심을 보신다고 하였다.

"내 부모가 나를 버렸으되 여호와는 나를 영접 하시리로다."

(시 27:10)

이 말씀은 부모 자식 간에도 오해가 있을 수 있으나, 하나님은 결코 나를 오해하시지 않으신다는 것이다.

예수님께서 제자들에게 이렇게 말씀하셨다.

> "나로 인하여 너희를 욕하고 핍박하고 모든 악하다 하는 거짓
> 말로 비방하면 너희에게 복이 있나니 기뻐하고 즐거워하라.
> 너희가 하늘에서 상 받을 것이 크리라." (마 5:11-12)

진리는 의례히 거짓 속에서 수난을 당하는 법이다. 그런 시련이 지나간 뒤에라야 진리의 진가는 더욱 빛나게 되는 것이다. 혹시나 오해를 받을 때에는 너무 괴로워하거나 분노하지 말고, 마음을 차분히 하고 진실을 밝히기에 최선을 다해야 할 것이다. 거짓과 오해에 대한 가장 강한 무기는 오직 진실뿐이다.

오해는 대개 편견에서 오는 경우가 많으며 또한 편견은 무지와 아집으로부터 온다.

오해는 양자 모두에게 불행한 일이다. 내가 다른 사람으로부터 오해를 받는 것도 괴로운 일이지만, 만일 나 때문에 어떤 사람이 그 마음에 오해를 품고 있다가 그대로 세상을 떠나게 된다면 이 얼마나 비통하고 안타까운 일인가? 그 마음의 아픈 상처를 그대로 가지고 용서가 없이 세상을 떠나가는 일이 있다면 우리의 생은 그만큼 빚을 지는 삶이 될 것이다.

> "분을 내어도 해지도록 분을 품지 말아라" (엡 4:26)

오해를 하지 않으려면 먼저 나 자신을 잘 알아야 하고, 인간 만사를 통달하여야 하며, 세상과 세상의 모든 사람들을 잘 알아야 한다. 그런데 과연 그것이 가능한 일인가?

소크라테스는 우리 모두를 향해 "너 자신을 알라." 하였다.

우리는 나 자신도 모르는 어리석은 존재다.

그런데 어떻게 세상만사를 통달할 수 있을 것이며, 세상의 모든 사람을 잘 알 수 있겠는가? 그러므로 오해가 전혀 없을 수는 없다. 오해는 꼬이는 것이다.

오해가 있을 시에는 무엇보다도 먼저 당사자들끼리 얼굴과 마음을 마주하고, 꼬인 가닥을 풀어 오해를 이해로 바꿔야 할 것이다.

오해가 오해를 낳는다.

오해란 정확한 이해를 하지 못한 데서 오게 되며, 또한 악의적인 마음에서 오는 고의적 오해도 있다. 예수님도 동족인 유대인들로부터 종교적 오해를 받아 멸시와 고난 끝에 십자가에 못 박혀 죽임을 당하였다. 제자들도 오해를 받았다, 특히 사도바울은 당시의 사람들로부터 갖가지의 오해를 받고 수모와 핍박을 받았다.

오해가 깊어지면 원한을 품게 되고, 원한이 깊어지면 결국에는 극단적 행위도 불사하게 된다. 오해를 품지 않는 것이 최상책이겠으나 오해가 생겼을 경우, 그리스도의 마음을 품고 차분히 그 오해를 푸는 일에 서로가 노력하여 오해 없는, 보다 밝은 사회를 이루어 가야 할 것이다.

"너희 안에 이 마음을 품으라 곧 그리스도 예수의 마음이니"

(엡 2:5)

만남의 이야기

✝

만남이란 역사의 기초다. 모든 역사는 오직 만남을 통해서만 이루어지기 때문이다.

미움의 역사도, 사랑의 역사도….

모든 만남에는 만남의 계기와 동기가 있다. 사람과의 만남이나 하나님과의 만남도 마찬가지다. 대체로 사람들은 하나님과의 만남을 사람과의 만남과는 다르게 생각하지만 실상은 그렇지 않다.

오늘 내가 명동으로 나갔다고 하자. 그 거리에서 수많은 사람을 만났을 것이다. 그러나 그것은 만남이 아니다. 수많은 사람들의 사이를 그냥 내가 지나쳤던 것뿐이다.

하나님과도 역시 마찬가지다. 대개의 모든 사람들이 존재하신 하나님의 공간과 시간을 그저 무심코 지나치며 살아가고 있을 뿐이다. 그러면서 하는 말이, "너 오늘 명동에 가서 누구를 만났니?" 하고 물으면 뭐라고 대답하나?

"아니, 아무도 못 만났어."

수많은 사람들을 만나고 스쳤으나, 아무도 만난 사람은 없다. 하나님도 역시 마찬가지다. 모든 순간을 하나님 안에 존재하면서 하나님과의 어떤 만남의 계기나 동기를 가지지 못하면 하나님과의 만남은 이루어지지 않는다.

서로 간의 만남이 이루어지려면 먼저 서로를 알아야 하고, 어느 누군가의 요구로 만남의 약속이 이루어져야 한다.

성경적으로 볼 때 최초의 만남은 하나님과 아담의 만남이요 두 번째의 만남은 사람과 사람, 즉 아담과 하와의 만남이다.

당신은 하나님과의 만남을 원하는가?

하나님과 만나기 위해서는 먼저 자신이 하나님과의 만남을 원해야 한다.

하나님께서 제정하신 하나님과 인간과의 만남이 이루어지는 구체적인 과정과 방법을 살펴보면 다음과 같다.

먼저, 성부 하님의 성자 파송 = 독생자 예수 그리스도를 이 땅에 보내심.

다음, 성자 하나님의 성육신 = 독생자 예수 그리스도의 탄생.

세 번째, 성령 하나님의 임재 = 성령의 감동.

하나님의 부르심과 선택을 받은 성도가 주 예수 그리스도를 구주로 믿고 영접하여 회개하고 기도하면 성령 하나님께서 그 심령의 영혼 속에 임재하신다.

이렇게 하어 하나님과 인긴 사이의 만남이 하나님의 역사로 말미암아 이루어진다.

인간은 앞날의 일을 알지 못한다. 앞길에 낭떠러지가 있는 줄을 미리 알았더라면 그는 아마도 다른 길을 택하였을 것이다. 대부분 발생하는 일들은 인간이 미래를 미리 알고 있지 못함으로써 예기치 못한 일들이 많다.

> "여호와여 내가 알거니와 사람의 길이 자신에게 있지 아니하
> 니 걸음을 지도함이 걷는 자에게 있지 아니하니이다" (렘
> 10:23)

> "사람의 걸음은 여호와로 말미암나니 사람이 어찌 자기의 길
> 을 알 수 있으랴" (잠 20:24)

대체로 우리의 삶은 우리의 계획보다는 하나님의 섭리에 의하여 배열되어 있다. 그러므로 우리가 알지 못하는 우연한 만남은 때로 중대한 결과를 가져온다.

누구나 자기 안에서 행복을 발견할 수 없다면, 누군가를 만남이 없이 자기 안에 폐쇄된 채로 남아 있게 된다면, 그는 더욱 외로워지고 스스로의 공간은 더욱더 좁아질 것이다.

아쉬운 것이 많고 모자람투성이라고 할 수 있는 인생이, 자기 아닌 누구를 만남에서 성장하고 원숙하려면 그 누구란, '나' 아닌 딴 누구라야 할 뿐더러 내게 없는 것을 줄 수 있고, 모자란 '나' 자신을 넉넉하게 만들어 주는 그러한 누구라야 한다.

그런 일은 결코 쉬운 일이 아니라 할지라도, 다만 확실한 것은 나의 생명과 구원을 위하여 없어서는 아니 될 하나의 만남, 그것이 바로 주 예수 그리스도와의 만남이라는 것이다.

하나님께서 인간을 만나는 장소는 어디일까? 또 인간이 하나님을 만나는 장소는? 과연 어느 곳 어느 때에 인간과 하나님은 함께 만

나 구원하고 치유하며 화해할 것인가?

하나님과 인간 사이에 이루어지는 화합의 장소는 절망과 기대 속에 몸부림치는 우리 영혼 깊은 곳에 마련된다. 각종 불안, 의심, 불확실성에 쪼들린 우리 삶 속에서 일어난다. 그것은 '시로페니카' 여인처럼 우리의 전 존재를 하나님의 자비 앞에 내 던질 때 이루어진다.

이러한 때 그러한 장소에서 우리는 하나님을 만난다. 하나님은 우리를 만나신다. 우리의 믿음과 신앙 속에서 우리는 서로 만나 함께 생활하며 기쁨과 슬픔을, 성공과 실패를, 뿐만 아니라 끊임없는 위기를 함께 겪으며 살게 된다. 그리고 위기 중 위기, 죽음에 직면하였을 때에도 하나님께서는 우리의 인생에게 내리시는 충만한 은총 속에서 하나님과 우리 동지들을 만날 수 있다는 희망을 가질 수 있게 하신다.

칼 바르트(K. Barth)는 이렇게 말했다.

> "그리스도교 신앙이란 곧 만남이다. 그 만남은 선물이다. 사람을 자유롭게 해서 그리스도 안에서 선포된 하나님의 은혜의 말씀을 듣도록 해 주는 그런 만남이다."

성경을 통해서 만나는 사람들은 시간과 공간을 넘어서 우리의 친구가 되어, 그리스도교 신앙의 모범을 보여 준다.

'만남'이라는 것은 단순한 인간의 접촉만은 아니다. 그것은 '나와 너'라는 인격 관계로서 맺어지는 생명과 생명의 접촉이다. 한 사람의 인간이 홀로 살아가는 것이 아니라 다른 한 사람과 만나서 그 생명에 직접 부딪쳐 그 사람과 연관된 가운데 살아가는 그것이 만남의 인생이며, 인생이란 그와 같은 만남의 장(場)인 것이다.

　우리의 삶은 곧 만남에서부터 시작된다. 자연과 인간의 역사가 그러하다. 하늘과 땅이 공간에서 서로 만나고, 산과 강이 만나고, 초목과 기암괴석이 만나는 데서 자연이 형성된다. 역사도 이와 같다. 인간과 인간이 만나고, 민족과 민족이 만나고, 문화와 문화가 만나는 곳에서 역사는 이루어진다. 이와 같이 만남이 없이 이루어지는 것이 무엇 하나 있을 수 있겠는가?

　인간이 자연과 만남으로써 과학이 탄생하며, 인간이 미(美)와 만나는 데서 예술이 창조된다. 그리고 인간과 인간이 만남으로써 비로소 인생이 존재하게 되는 것이다. 인간과 인간이 만나는 마당이 가정이요, 사회이며, 크게는 세계가 될 것이다.

　그러나 한편으로 만남은 언제나 우리에게 유익을 주는 것만은 아니다. 악한 만남에서는 악을 얻게 되고, 선한 만남에서는 선을 얻게 된다. 적과 원수와의 만남에는 고통과 괴로움, 슬픔과 희생이 따르고, 은인과의 만남에서는 은혜와 사랑 기쁨을 얻게 된다. 특히 예수 그리스도를 통한 하나님과의 만남이 이루어지면, 인격이 변하고 인생이 변하고 인간이 변하고 역사가 변한다.

　하나님께서는 주 예수 그리스도를 통하여 성령의 감동을 받아 모든 만남이 선한 만남이 되게 하시고, 악한 만남도 선한 만남으로 바꿔 주신다.

　"네 이웃을 네 몸같이 사랑하라"는 그리스도의 교훈은 오늘의 사회와 인간을 구출할 수 있는 마지막 카드다. 내가 이기는 것보다 내가 사는 길을 찾아야 한다. 내가 살기 위해서는 너도 살아야 하고,

이웃 모두도 살아야 한다. 그리하여 나와 네가 만나고 이웃과 진정한 만남이 이루어질 때 나의 인생은 열리게 되고 예수 그리스도를 통한 진정한 하나님의 나라가 이루어질 것이다.

사람이여! 너는 사람이어라!

✝

천지를 창조하신 하나님!

천지(天地)는 사람이 살아야 할 삶의 장(場)이다. 한 자에서 하늘 천(天)이란? 하늘은 땅과 인간이 존재하는 공간(空間)이다. 또한 그 천이란 하나님 임재의 현장(現場)이다. 하나님은 천에 임재하여 계신다. 다시 말해, 하늘과 땅과 인간(人間) 안에 하나님의 임재가 계신다. 그것은 곧 하나님의 무소부재(無所不在)다. 그러므로 하늘 천은 하나님의 무소부재요 하나님 임재의 현장은, 공간과 그 공간 안에 존재한 땅과 그 땅 위에 존재한 인간이다. 그러므로 천은 하나님 임재의 장이요 또한 하나님께서 창조하신 창조(創造)의 실체(實體)다.

지(地)는 천(天)의 역사(歷史)의 장이다. 천은 지에 의해 비춰지고, 지는 천 속에 담겨 있다. 지는 빛이 닿는 바닥이요 물이담긴 그릇이며, 하나님의 형상(形象)이 일시적으로 나타나는 그림자다. 그러므로 천의 역사가 지에서 구체적으로 이루어지고 나타나고 현현(顯現)된다. 다시 말해, 지는 천의 역사가 활동되는 무대다.

흙은 무대 장치요 인(人)은 그 무대 위에서 움직이는 배우다. 인생은 한 편의 드라마와 같고, 모든 인생 드라마는 흙 위에서 펼쳐지며, 각자의 인간은 각기 인생의 주인공이다. 사람을 창조하신 하나님, 만물을 지으신 하나님, 부부로 배필이 되게 하신 하나님, 탐욕을 버리게 하신 하나님, 하나님의 말씀을 거역하게 한 사탄, 그로 말미암아 곤고한 길을 걷게 된 인생, 죄인이 된 가인의 후손들, 그것이 곧 인류의 역사다.

인간은 사람들 사이에서 사람과 더불어 함께 살아간다. 그런데 그 사이, 살아가는 속에서 소리가 있다. 부딪히는 소리, 갈등의 소리, 싸우는 소리, 웃고 우는 소리, 절규하며 탄식하는 소리, 그 소리들은 사람이 사는 소리들이다. 그 소리가 온 우주에 가득하다. 그 소리는 죄악의 소리요 그 소리는 탄식과 절규다. 그 소리는 또 다른 함성을 만들었다. 우리 주님 십자가 위의 절규의 함성이다. 그 절규는 온 우주를 가로질러 하늘에 닿았다. 천상의 하나님께서 그 절규를 들으시고 그를 다시 일으켜 세우셨다. 제삼 일 만에 일어나신 주님은 악의 자리에 넘어져 부르짖는 우리들의 손을 잡고 일으키셨다.

사람은 사람과 사람 사이에서 더불어 살아간다.

인간(人間)에서 인(人)은 명사, 즉 주관적 자아를 나타내며, 간(間)은 객관적 자아, 즉 타자와의 관계에 있는 자아를 말한다. 그러므로 인간이란 두 가지의 의미를 지닌 합성어며, 또 복합적인 의미를 지닌다. 그래서 인간을 '사이-사람', '사람과 사람 사이의 사람', 즉 더불어 함께 사는 사람을 말하는 것이다.

선이 악을 불렀는가, 아니면 악이 선을 불렀는가.

창세기에 기록된 하나님의 말씀으론 하나님께서 에덴동산에, 생명나무와 선악과나무를 동시에 두셨다고 하였다. "생명나무 실과만 먹고 선악과는 먹지 말라"고 하셨다. 그런데 사탄은 하와를 유혹했고,

하와는 그 유혹에 넘어갔으며, 유혹을 당한 하와가 아담을 유혹했고, 아담은 그 유혹을 이기지 못하였다.

결국, 악은 악을 불렀고 악은 선을 넘어지게 하였다.

예수 그리스도의 오심은 악의 구렁에 넘어진 인간을, 다시 선의 자리로 일으켜 세우기 위한 것이다.

주 예수 그리스도를 구주로 믿고 구원을 받은 사람은 넘어진 악의 자리에서 일어나 선의 자리로 옮긴 사람이요 그렇지 못한 사람은 아직도 악의 자리에 넘어진 채로 있는 사람이다.

하나님은 절대자이시며, 한결같이 선하시다. 그러나 인간은 한계가 있고 악한 죄가 있다. 그러므로 죄인이다. 유한적 인간은, 절대자되시며 선하신 하나님 앞에 그 죄를 자복하고 자신의 허물을 반성해야 한다. 어느 누구의 비난이나 또는 사회적인 여론에 앞서 자기 자신이 하나님 앞에 바르게 그리고 언제나, 무슨 일에나 양심적으로 양심에 따라 행동하고 있느냐가 문제다.

이현주는 그의 저서 『한 송이 이름 없는 들꽃으로』에서 인간이 인간인 것은 그가 땅과 더불어 있기 때문이 아니라 하나님과 더불어 있기 때문이라고 정의한다.

사람은 그가 걸어 다니는 땅과 연결시켜 주는 육체를 가졌다. 그리고 사람은 그를 만드신 하나님과 연결시켜 주는 영혼을 가지고 있다. 사람은 갈대다. 그러나 생각하는 갈대다(파스칼). 사람은 구더기다. 그러나 별의 거리를 측정하고 우주를 이해할 수 있는 구더기다. 사람은 도덕적 본성, 지능, 불멸성, 주권에 관해서 하나님의 형상을 따라 만들어졌다. 사람은 불복종과 반역을 통하여 짐승의 지위보다 더 낮게 되었다. 자비롭게도 사람은 성육신하신 창조주의 대속적인 복종과 죽음을 통하여 그의 타락한 상태로부터 구원함을 받았다. 그러므로 인간은 하나님으로부터 하나님께로 향하여 있는 존재다.

> "그럴 수 없느니라 사람은 다 거짓되되 오직 하나님은 참되시
> 다 할지어다 기록된 바 주께서 주의 말씀에 의롭다 함을 얻으
> 시고 판단 받으실 때에 이기려 하심이라 함과 같으니라" (롬
> 3:4)

사람은 미련하고 무지하다, 그리고 변하기 쉬우며 허약하고 쉽게 부패한다. 그러나 하나님은 지혜로우시고, 변하지 않으시며, 전능하시며 정직하시다. 그러므로 우리는 사람에 대한 확신과 기대를 버리고 하나님을 절대적으로 신뢰해야 한다.

인간은 하나님 앞에서 자기를 내맡기고 다만 자기 자신의 권리와 공로를 내세울 줄 모르는 어린아이 같아야 한다.

사람이 하는 모든 행동은 사람의 마음속 가장 깊은 곳에서 결정된다. 이러한 점으로 볼 때 사람은 하나님의 영으로 거듭나서 그리스도에게 접붙임 되든지, 아니면 하나님을 떠난 배교(背敎)에 있든지다. 인간의 영혼이 하나님께로부터 나온 것같이, 인간 생활의 여러 기능은 영혼 혹은 마음에서 나오는 것이다. 다시 말하자면, 인간의 많은 생활 기능 가운데 하나인 인간 사상도 종교적인 데서 나온다. 그러므로 인간 사상은 하나님께 봉사하든지 아니면 하나님을 배반하는 것으로 나타난다.

인간은 하나님의 형상을 따라 창조된 것이다. 즉, 하나님과의 사귐이 가능하도록 창조된 것이라는 뜻이다. 인간이 자기의 죄를 고백하고 하나님만 의지할 때, 그는 자기가 애써 얻으려고 하던 상을 하나님께서 주시는 것을 알게 된다.

사람은 하나님을 위하도록 지음을 받았다. 인간은 하나님을 알고 사랑하게 될 때에 비로소 참인간 구실을 하게 된다.

> "그러므로 하늘에 계신 너희 아버지의 온전하심과 같이 너희
> 도 온전하라" (마 5:48)

하나님께서 처음 인간을 창조하실 때는 죄와 멀어지도록 당부하셨다. 그것이 곧 선악과에 대한 경계의 말씀이다. 그런데 이 하나님의 뜻을 어기고 죄인이 된 것은 바로 사탄 마귀의 계략에 넘어갔기 때문이다. 그로 인하여 천국을 소유할 사람에서 지옥의 불로 떨어지는 불행한 사람으로 전락한 것이다. 천국은 오르는 길이요 지옥은 내리는 길이다. 자칫 내리기는 쉬운 길이요 오르기는 어려운 길이라 할지라도, 그 내리막길 끝에는 고통과 영원한 불멸의 저주가 있음을 깨닫고, 그 내리막길을 자초하고 선호하는 모든 육신적 욕구를 오직 하나님께서 주신 선물, 믿음으로 이기고 물리쳐야 한다.

> "너희 중에 싸움이 어디로부터 다툼이 어디로부터 나느냐 너
> 희 지체 중에서 싸우는 정욕으로부터 나는 것이 아니냐" (약
> 4:1)

사람은 사람이어야 한다. 너도 사람, 나도 사람, 우리 모두는 사람이어야 한다. 죄의 구렁에 빠져 발을 더럽힌 그런 사람이 아닌, 주 예수 그리스도의 팔을 붙잡고 성결하고 거룩한 땅으로 이끌림을 받은 거듭난 사람!

하나님을 경외하며 찬양하며 서로를 사랑할 줄 아는 거룩한 사람이어야 한다.

마음, 마음을 비우자. 모든 마음을 비우자.

그리고 그렇게 살자. 그리고 말하자.

그렇게 마주 앉아,

얼굴을 마주 보자.

마음은 변한다. 아침에 달던 물이 저녁엔 왜 쓰지?

내 말을 달게 듣던 그가, 돌아선 그늘진 나무 아래 독을 토하는구나!

한 우물에서 쓴물과 단물을.

나, 나는 누구를 믿는가! 나, 나는 누가 나를 믿는가?

주님은 무슨 말씀을 하셨는가?

당신이 끌려가실 때, 도수장으로 끌려가는 양처럼, 그렇게, 그 분들로부터 검과 몽치를 드신 분들, 그들과 결탁된 제자들, 줄행랑친 제자들을 뒤돌아보시며 주님은 그때, 무슨 말씀을 하셨던가?

왜? 왜 아무 말씀도 없으셨지!

의인은 없나니! 하나도 없나니, 하나의, 단 하나의 열매도 익히지 못한 믿음의 나무.

아! 지금은 서산마루에 해가 걸쳤는데, 열매 없는 무화과를 저주하시더라.

이 세상엔 좋은 것과 안 좋은 것이 섞여 있다. 그것들이 가려질 수는 없다.

조화로운 인생

똑같은 것들의 획일적인 것의 나열이 조화는 아니다.
각기 다양한 것들의 연합이 조화다.
세상 육십억 인구의 마음과 생각과 생김새가 다 다르다.
그것이 인생이요 세상이요 조화다.
하나님은 이 부조화한 세상에 조화를 이루시려고 예수님으로 오셨다.

제2편
오르는 문

신앙과 믿음

✝

선한 일에도 반대자가 있고
악한 일에도 동조자가 있다.
선한 마음위에 참된 믿음이 쌓이고
참된 믿음위에 구원의 열매가 익는다.
선한 마음은 예수 그리스도의 마음이요
예수 그리스도의 마음은
샬롬!
평강과 평화의 근본이다.

방향을 전환하자!
어느 방향으로 갈 것인가?

"사람이 마음으로 자기의 길을 계획할지라도 그의 걸음을 인
도하시는 이는 여호와시니라" (잠언 16:9)

방향은 동서남북, 네 방향이 있다. 동은 해가 뜨는 기쁨과 희망적
인 방향이고, 서는 해가 지는 내일을 바라보는 미래적 방향이며, 남

은 따뜻함을 상징하는 사랑적 방향이다. 그리고 북은 추위와 강함을 상징하는 승리적 방향이다.

우리의 삶의 현실에도 이와 같은 여러 의미의 방향이 있다.

이스라엘 민족은 애굽에서 나온 후 사막으로 들어섰다. 그들의 목적지는 가나안이었다. 그러나 사막에서는 방향을 알 수 없어, 어느 쪽으로 가야 가나안으로 가는지를 알 수 없었다. 그래서 그들은 무조건 하나님만 따라갔다. 하나님께서 낮에는 구름 기둥, 밤에는 불기둥으로 그들을 인도하셨기 때문이다.

신앙과 믿음이란 바로 이런 것이다. 우리의 목적지는 천국이지만 아직도 애굽에 있으면 그 애굽을 나와야 하며, 애굽을 나와 사막에 있다면, 하나님의 인도하심을 받아야 한다. 낮이면 구름 기둥을 봐야 하며, 밤이면 불기둥을 보아야 한다. 그래야 나아갈 바 방향을 알 수 있기 때문이다. 방향을 찾지 못하고 계속하여 방황한다면 목적지와는 점점 더 멀어지는 것이다. 올바른 신앙을 따라 바른 믿음의 길로 들어서야 한다.

> "만일 여호와를 섬기는 것이 너희에게 좋지 않게 보이거든 너희 열조가 강 저편에서 섬기던 신이든지 혹 너희의 거하는 땅 아모리 사람의 신이든지 너희 섬길 자를 오늘날 택하라 오직 나와 내 집은 여호와를 섬기겠노라" (수 24:15)

내가 부족하고 내가 약하고, 내가 어리석기에 믿는 것이 아니다. 그것은 참다운 신앙이 아니다. 그것은 단지 인간의 심성 깊이에 숨겨져 있는 하나의 종교성일 뿐이다. '내가 당신을 앎으로 믿습니다.

내가 당신을 만났기로 믿습니다. 내가 당신을 사랑함으로 믿습니다. 내가 죄인인 것을 깨달아 회개함으로써 믿습니다.' 하나님은 인격의 하나님이시다.

여호수아는 모세의 후계자다. 모세는 이스라엘 민족을 이끌고 애굽에서 나와 광야에서 머무를 때 죽었다. 이스라엘 민족이 마냥 광야에만 머물러 있을 것은 아니다. 요단강을 건너 약속의 땅, 가나안으로 들어가야 한다. 그 땅을 정복하고 소유해야만 한다.

> "세례 요한의 때부터 지금까지 천국은 침노를 당하나니 침노
> 하는 자는 빼앗느니라" (마 11:12)

그들을 이끌고 광야를 나와 가나안으로 들이는 것은 이제 여호수아의 몫이다. 여호수아는 모세 밑에서 어릴 적 하나님의 불기둥을 밤이면 보았고, 낮이면 구름 기둥을 보았다. 모세는 오직 그 기둥만을 보고, 앞장서서 수많은 이스라엘 백성들을 이끌고 앞으로 나아갔다. 이제 요단강가에 다다랐을 때 모세는 하나님의 품으로 돌아갔다. 남은 길은 여호수아의 몫이다.

여호수아는 여호와 하나님께서 자기의 스승 모세에게 어떻게 하셨음을 보았다. 그리고 여호수아도 여호와 하나님께 신앙을 다짐하였다. 그리고 이스라엘 백성들에게 그의 신앙을 다짐하고 권면하고 선포하였다. 그것이 참다운 기독교의 신앙이다.

하나님께서는 예수 그리스도의 십자가 은혜의 기둥으로 성령을 통하여 오늘도 아름답고 광대한 나라, 젖과 꿀이 흐르는 하나님의 나라로 우리를 인도하신다.

"아브람이 여호와를 믿으니 여호와께서 이를 그의 의로 여기시고" (창 15:6)

'믿음'이란 약한 자가 강한 자로부터 그의 확실한 약속을 얻는 하나의 방법을 의미한다.

인간은 하나님을 믿음으로써 비로소 하나님 앞에 바로 설 수 있다.

"너희가 믿지 아니하면 정녕히 굳게 서지 못하리라" (사 7:8)

믿음은 하나님의 약속대로 보호받고 평화를 얻는 길이다.

신앙(信仰)이란 모든 것을 하나님께 맡기는 것이다.

"너의 길을 여호와께 맡기라 저를 의지하면 저가 이루시고" (시 37:5)

"너의 행사를 여호와께 맡기라 그리하면 너의 경영하는 것이 이루리라" (잠 16:3)

"네 짐을 여호와께 맡겨 버리라 너를 붙드시고 의인의 요동함을 영영히 허락지 아니하시리로다" (시 55:22)

"너희 염려를 다 주께 맡겨 버리라 이는 저가 너희를 권고하심이니라" (벧전 5:7)

이와 같이 믿는다는 것은 우리 삶의 모든 문제, 나아가서는 삶 자체의 미련이나 모든 것을 거리낌 없이 하나님께 내던져 버리고, 굴려 보내는 결단적 행동이다. 믿고 맡기면 편하다. 믿고 맡기면 가볍고 기쁨이 온다. 나의 일생의 삶 속에서 작은 것 소소한 것까지도 하나님께 믿음으로 맡기고, 오직 나는 신앙에만 열중하면 모든 삶 속에서 기적이 일어난다. 세상의 모든 염려가 사라지고 평안이 오기 때문이다. 믿고 맡긴다는 것은 또한 하나님의 영광을 위하여 헌신하고 노력하는 것이다.

마태복음 25장에 달란트 비유 말씀이 있다.

두 달란트와 다섯 달란트를 받은 사람은 열심히 일하고, 헌신하고, 봉사하여 네 달란트와 열 달란트를 만들었지만, 한 달란트 받은 사람은 그대로 그것을 땅속에 묻어 두었다. 주인이 왔을 때 그동안 땅속에 묻어 두었던 것을 도로 파내어 주인께 드렸다. 그리고 그는 그것마저도 빼앗기고 말았다.

야고보서에 행함이 없는 믿음은 그 자체가 죽었다고 했다. (약 2:17)

말씀에 순종하여 행하는 믿음, 그 믿음은 하나님의 영광을 위한 헌신적인 믿음이다. 원수를 사랑하고 용서하는 믿음이다.

손양원 목사님은 위대하신 분으로 추모받으신다. 그것은 손양원 목사님 자체를 위대하게 여긴 것이 아니라 손 목사님이 가지셨던 믿음, 원수를 사랑하신 그 믿음을 위대하게 존중하는 것이다. 성도들이 주일에 교회에 와서 이렇게 기도한다.

"지난 한 주 간도 말씀대로 살지 못한 것 용서해 주세요."

그다음 주일에도, 또 그다음 주일에도 매주 1년 내내 같은 내용으로 그렇게 기도한다. 100년의 역사에서도 계속 그렇게 기도 한다. 그렇게 기도한 것이 하나의 유행처럼 되어 버렸다

말씀대로 사는 것이 유행이 되어야 할 텐데, 말씀대로 살지 못한 것이 유행이 되어 버린 것이다. 믿는 대로 되고 말 한대로 되고 기도한 대로 되는 것이다.

"지난 한 주 간도 말씀 안에서 말씀대로 살게 해 주시니 감사합니다. 이번 한 주 간도 오늘 주일날 은혜 많이 받아서 말씀대로 살게 해 주실 줄 믿습니다."

이렇게 기도하면 말씀대로 살게 되고 복을 받는다. 이것이 참된 믿음, 살아 있는 믿음이다.

"보라 그의 마음은 교만하며 그의 속에서 정직하지 못하니라
그러나 의인은 그 믿음으로 말미암아 살리라" (합 2:4)

"그러므로 믿음은 들음에서 나며 들음은 그리스도의 말씀으로 말미암았느니라" (롬 10:17)

들음

믿음에는 반드시 들음이 선행되어야 한다. 그렇지 않으면 믿음은 다음과 같이 되어 버린다.

① 지식 없는 믿음이 되어 버린다.

② 쓸모없는 믿음이 되어 버린다.

③ 믿음이 불가능하게 된다.

들음에는 믿음이 뒤따라야 한다

그렇지 않으면 들음은,

① 구원을 주지 못한다.

② 오히려 죄의식을 증가시킨다.

③ 결과적으로 마음을 악하게 만든다.

　믿음은 보이지 않는 또 다른 생명이다. 우리가 육의 생명을 아끼고 사랑하듯, 영의 생명인 믿음도 아끼고 사랑하며 꾸준히 돌봐야 한다. 우리는 행여나 생명에 손상이 있을까를 얼마나 두려워하고 조심하며 삼가며 돌다리를 두들겨 보고 건너는가? 그러하듯 영의 생명인 믿음도 우리가 지극한 정성을 기울여 돌보고 보살펴야 한다. 입의 말을 조심하고, 쾌락의 문화를 조심하고, 이웃과의 관계를 조심하고, 말씀 묵상을 게을리하지 말고, 기도하기를 쉬지 말고, 찬송을 멈추지 말아야 한다. 항상 기뻐하며 이웃 사랑하기를 내 몸과 같이 해야 한다. 그렇게 하지 않고 함부로 믿음을 내 굴리면 믿음이 상처를 받고 결국은 타락의 길로 떨어지고 만다. 사단의 유혹을 언제나 살피고 조심하며 경계하고 또 경계하여야 한다. 아담은 하나님의 말씀을 버렸다. 그리고 사단의 말을 귀 기울였다. 그 결과, 그도 타락하고 온 인류를 타락하게 만들었다. 삼손은 아내 들릴라의 말에 심중을 기울임으로써 하나님의 말씀을 외면하여 온 이스라엘을 슬픔과 멸망의 도가니로 빠지게 하였고, 자기 자신도 비참한 말로를 가지게 되었다.

성도는 영의 생명인 믿음을 살피고 보존하고 살찌우자.

> "네가 네 하나님 여호와의 말씀을 삼가 듣고 내가 오늘날 네게 명하는 그 모든 명령을 지켜 행하면 네 하나님 여호와께서 너를 세계 모든 민족 위에 뛰어나게 하실 것이라" (신 28:1)

신앙은 단순히 머릿속의 일이 아니고 자기의 모든 것을 바쳐 자기 자신을 하나님의 사랑에 맡기는 근본 태도다. 이러한 결단이 더욱 더 우리의 마음속 깊이 들어가서 우리 일생의 뿌리가 되고 토대가 되도록 해야 한다.

깊은 인격적 결단을 가지고 자기를 하나님께 맡기는 사람은 하나님을 알고 싶고, 하나님의 말씀을 더 깊이 이해하고 싶고, 하나님의 마음을 자기 마음으로 삼고 싶은 것이다.

믿음이란 믿음의 대상과 믿는 자와의 일치를 말한다.

믿음이란 믿는 대상과 믿는 모든 자와의 일치를 말한다.

믿음은 생명의 씨와 같다.

본질이 같은 것이 믿음이다.

하나님의 본질과 정 반대편에 있던 인간이 예수 그리스도의 십자가 보혈의 은혜로 죄 사함을 받아 하나님의 본질로 회복되는 것이 곧 믿음이다.

그러므로 믿음을 가질 때 하나님과 내 생명과 연결되는 직선적 통로가 열리고, 마치 나와 그림자가 언제나 일직의 선상에 노인 것처럼 그렇게 하나님과 나의 생명과 삶이 일직의 선에 놓이는 것이다.

산 믿음이란, 하나님과의 성령과 예수 그리스도의 십자가로 연결이 되어 있는 믿음이다. 자복과 회개가 살아 있고, 소명과 사명이 뚜렷하며, 헌신과 순종적인 삶을 살고, 들음과 실천적인 믿음이요, 기쁨으로 전도하고 사랑으로 봉사하며, 평강과 섬김이 넘치고, 모든 삶이 십자가로 연결, 보혈로 연결, 말씀으로 연결, 사랑으로 연결, 성령으로 연결된 믿음이다.

은혜를 사모하자

✝

은혜는 사랑의 열매다. 감나무를 심으면 감이 열리고 사과나무를 심으면 사과가 열리는 것처럼, 사랑에는 은혜의 열매가 열린다. 부모가 자녀를 사랑하면 자녀는 사랑나무에서 은혜의 열매를 따 먹는다. 그러므로 모든 사랑나무에는 은혜의 열매가 열린다.

은혜의 열매가 없는 사랑은 거짓 사랑이다. 거짓 사랑에는 은혜의 열매가 없다. 자기의 유익을 위하여 상대를 거짓으로 사랑하는 척 했으니 거기에 무슨 은혜의 열매가 열리겠는가? 반대로 진실한 사랑 나무에는 많은 은혜의 열매가 주렁주렁 열린다. 진실된 사랑이란 희생적인 사랑이다. 희생이 거름이 되어 사랑나무가 잘 자라게 되니 은혜의 열매가 잘 열리는 것이다.

가장 크고 진실된 사랑은 하나님의 사랑이다. 하나님은 당신의 아들 독생자 예수 그리스도를 십자가에 내어 주셔서 우리의 죄를 위해 희생케 하시므로 우리를 구원해 주셨다. 예수 그리스도의 십자가는 하나님의 사랑나무요 그 십자가에서 흘리신 보혈은 은혜의 열매다. 모든 성도는 십자가에 달린 은혜의 열매를 십자가 밑에 엎드려 얻어먹음으로써 영적인 건강과 기쁨을 얻게 된다.

먹는 음식에는 먹는 욕구가 들어 있다. 잘 먹으면 또 잘 먹는다.

잘못 먹으면 자꾸만 잘못 먹게 된다. 잘 먹으면 먹는 만큼 먹는 욕구가 증가되고, 잘못 먹으면 그만큼 먹는 욕구가 줄어들기 때문이다. 먹는 것이 먹는 것을 부른다. 영적 생활도 마찬가지다. 말씀을 잘 받고 은혜를 사모하는 성도가 영적으로 건강한 성도다.

이스라엘은 전쟁이 많은 나라다.

지금까지도 이스라엘은 지구상의 여러 나라 중 전쟁을 가장 자주 한다.

이스라엘 민족이 애굽에서 가나안 땅으로 들어갈 때, 하나님께서 가까운 지역을 피하고 홍해를 건너 사막으로 돌리신 것은 전쟁을 피하기 위해서다. 가까운 곳으로 쉽게 가는 길을 택하면 전쟁으로 이스라엘이 진멸하여 흔적조차도 없어지고, 가나안 땅은 차지하지도 못할 것이기 때문이다.

광야에서 40년을 하나님께 직접 연단 받은 이스라엘은, 별 큰 전쟁 없이 가나안을 정복하고 점령할 수 있었다. 들어가서 지금껏 치른 전쟁은 가나안 땅을 지키기 위한 전쟁이다.

우리가 은혜는 하나님의 선물로 받았지만 받은 바 은혜를 지키고 빼앗기지 않으려면 많은 영적 전쟁을 치러야 한다.

무덤에서 나와 무덤으로 들어가는 것이 인생인가 싶다. 나온 무덤은 엄마 품속 젖무덤이요 들어가는 무덤은 산속 흙무덤이다. 요즘은 화장을 하여 병 속에 담아 돌무덤에 넣는 것이 유행이기도 하지만 말이다.

은혜는, 우리가 예수 그리스도를 통해서 받는 아름다운 매력이다. 아담의 타락으로 인하여 하나님과 원수 관계가 되었는데, 예수 그리스도를 믿음으로써 하나님의 자녀가 되어 사랑과 축복을 받게 된 것이다. 이것이 바로 은혜인 것이다. 주 예수 그리스도의 은혜요 하나님 아버지의 사랑이요 성령님의 감동이요 역사인 것이다.

원수 관계일 때 받을 것은 저주뿐이지만, 자녀인 경우에 받을 것은 은혜요 사랑이요 축복이다. 이 모든 역사가 은혜인 것이다. 우리가 이 은혜의 의미를 확실하게 알아야 은혜받기를 사모하고 신앙에 더욱 힘을 쏟게 될 것이다. 그러므로 기독교의 목적은 구원이요 구원의 핵심은 은혜다.

이 은혜는 순전히 분에 넘치는 과분한 것이다. 하나님과 원수인 우리가 하나님으로부터 무슨 은혜받을 자격이나 명분이 있겠는가. 그럼에도 이 은혜는 하나님께서 그 아들 독생자 예수 그리스도를 통하여 그저 주시는 일방적인 무조건적 은혜인 것이다.

또한 이 은혜는 우리의 노력으로 이루어진 것이 전혀 아니다. 하나님의 무조건적인 사랑과 독생자 예수 그리스도의 십자가 고난과 공로로 이루어진 것이다. 우리는 무가치한 죄인들이었다. 그러나 하나님께서는 당신의 자유함 속에서 과분한 사랑과 호의를 베푸신 것이다. 여기에 우리 인간의 공로는 티끌만큼도 전혀 없다는 것이다. 인간의 공로를 조금이나마 인정한다면, 그것은 구원의 법칙에 어긋나는 것이다.

하나님께서는 당신의 깊으신 뜻대로 과분한 자비를 인간에게 베푸시었다.

은혜의 따뜻한 온기에는 모든 것이 녹아내린다.

원수와 원수 사이의 미움과 원망이 사라지고, 갈등과 탄식의 벽이 무너져 내리며, 슬픔과 고통의 아픔이 치유되는 놀라운 기적이 일어난다. 은혜의 온기가 모든 얼어붙은 것들을 녹이는 것이다. 그러므로 은혜의 날개 아래에서는 미움이 변하여 사랑이 되고, 슬픔이 변하여 기쁨이 되며, 전쟁과 다툼이 변하여 평화와 화해가 이루어진다.

은혜를 받아 변화된 성도의 마음속에는 하나님에 대한 거룩한 경외감이 생긴다. 그리하여 죄에 대한 쾌락을 버리고 은혜에 대한 경건을 사모한다.

"여호와를 경외하는 것은 악을 미워하는 것이라 나는 교만과
거만과 악한 행실과 패역한 입을 미워하느니라" (잠 8:13)

"인자와 진리로 인하여 죄악이 속하게 되고 여호와를 경외함
으로 말미암아 악에서 떠나게 되느니라" (잠 16:6)

은혜를 받은 성도에게는 성령으로 말미암은 하나님에 대한 사랑이 그의 온 마음을 지배하므로 써 죄에 대한 쾌락이 쫓겨나게 된다.

은혜는 하나님 안에 있고 죄는 인간 안에 있다.

하나님께서 우리 죄인들을 부르셔서 자비와 은총으로 은혜를 베푸신 것은 그가 은혜로우신 하나님이신 까닭이다. 하나님은 인간이 선하기 때문에 사랑하는 것이 아니라, 하나님이 선하시기 때문에 인간을 사랑하시는 것이다.

예수 그리스도는 하나님 사랑과 은혜의 통로다. 아기가 배고파 울 때 엄마의 젖이 차고 넘치는 것처럼, 하나님의 사랑과 은혜는 예수님께서 지신 십자가 위 보혈에서 흘러넘치셨다. 그러므로 하나님의

은혜는 불가항력적인 은혜다.

> "너희는 그 은혜에 의하여 믿음으로 말미암아 구원을 받았으
> 니 이것은 너희에게서 난 것이 아니요 하나님의 선물이라 행
> 위에서 난 것이 아니니 이는 누구든지 자랑하지 못하게 함이
> 라" (엡 2:8-10)

> "그는 허물과 죄로 죽었던 너희를 살리셨도다" (엡 2:1)

인간의 구원의 역사는 하나님께서 주시는 은혜를 받지 않을 수 없
고, 감히 거부함도 불만도 할 수가 없다. 왜냐하면 이 은혜는 항거
할 수 없는 은혜이기 때문이다.

인간이 오직 할 수 있는 일은 하나님께서 부르실 때 대답하고, 주
실 때 받고, 명하실 때 순종하고, 감사하며 하나님께 영광을 돌리고
기뻐하며 사는 것이다.

은혜는 기독교 신앙 안에서 성도가 살아가는 믿음의 힘이다. 하나
님을 믿고 의지하는 힘, 진리와 거짓을 분별할 수 있는 힘, 박해와
고난을 견디어 낼 수 있는 힘, 원수까지도 용서하고 사랑 할 수 있는
힘, 이 모든 것이 우리가 필요로 하는 은혜요 은혜 안에서 나온다.

> "성령과 신부가 말씀하시기를 오라 하시는도다. 듣는 자도 오
> 라 할 것이요 목마른 자도 올 것이요 또 원하는 자는 값없이
> 생명수를 받으라 하시더라" (계 22:17)

십자가에서 흐르는 예수님의 보혈은 모든 인생을 살리는 생명수다. 하나님께서는 예수님이 지신 십자가를 통하여 구원과 은혜의 문을 활짝 열어 놓으셨다. 그 문은 하나님의 나라 천국으로 드는 은혜와 생명과 축복의 문이다. 그 문은 언제나 활짝 열려 있다. 그 문에는 아무런 빗장도, 자물쇠도 걸려 있지 않다. 내가 목회에 전념할 때는 교회의 문을 밤낮없이 언제나 잠그지 않았다. 밤이든 낮이든 새벽이든 밤중이든, 누구든지 들어올 수 있도록 열어 놓았다. 때로는 교회 안의 중요 물품이 도난 맞을 위험이 있다며 반대하는 성도도 있었지만, 나는 도난 맞으면 다시 사면 되고, 크게 도난 맞을 물품도 없으니 염려하지 말라고 당부하고 계속 열어 두었다. 그러므로 추운 겨울 새벽이면 노숙자들이 들어와 추위를 면하고 쉬어 가는 일도 여러 차례 있었다.

"또 내게 말씀하시되 이루었도다 나는 알파와 오메가요 처음과 나중이라 내가 생명수 샘물로 목 마른 자에게 값 없이 주리니" (계 21:6)

"이는 보좌 가운데 계신 어린 양이 저희의 목자가 되사 생명수 샘으로 인도하시고 하나님께서 저희 눈에서 모든 눈물을 씻어 주실 것임이러라" (계 7:17)

"성령과 신부가 말씀하시기를 오라 하시는도다 듣는 자도 오라 할 것이요 목마른 자도 올 것이요 또 원하는 자는 값 없이 생명수를 받으라 하시더라" (계 22:17)

그리스도의 은혜를 받은 첫 증거는 참회다. 누구나 하나님의 크신 사랑과 그리스도의 희생적 죽음을 깨닫는 순간 참회의 울음을 터뜨리지 않을 수 없다. 그 희생적 대속의 벅찬 감격, 죽을 수밖에 없는 죄인을 향한 무조건적 용서에 대한 넘치는 감사, 이 모든 것들은 인간들로 하여금 참회의 진실 속에 몰아넣는다. 수가성의 우물가에서 그리스도와 담화하던 여인은 은혜의 그리스도 앞에서 회개치 않을 수 없었으며, (요 4:1-26) 죄인 삭개오는 그리스도의 은혜에 감격하여 스스로 회개하고 아브라함의 자손이 되었다. (눅 19:1-9) 그리스도의 은혜에 감격한 찬송가 작가는 "늘 울어도 눈물로써 못 갚을 줄 알아 몸밖에 드릴 것 없어 이 몸 바칩니다."라고 고백하였다. 은혜 받은 자의 삶은 참회의 연속이다. 은혜를 받았다 하면서 참회가 없고, 눈물이 없고, 감격이 없는 생활은 잘못된 생활이다.

은혜는 반드시 참회의 감격과 두려움을 수반한다.

주님의 은혜

"그러므로 우리가 긍휼하심을 받고 때를 따라 돕는 은혜를 얻기 위하여 은혜의 보좌 앞에 담대히 나아갈 것이니라" (히 4:16)

은혜란 주님을 믿고 사모하는 자에게 하나님께로부터 선물로 주어지는 것이다. 주님의 은혜는 은혜 중 은혜다. 주님의 은혜는 하나님의 역사로 생겨나고, 주어지고, 받는 은혜다. 주님의 은혜는 구원의 뿌리다. 주님의 은혜 안에는 우리 주님의 고독과 고난과 아픔 그리고 절규가 담겨 있다.

죄가 있기에 은혜도 있다. 죄인이기에 은혜를 받았다.

죄는 죽이는 것이요 은혜는 살리는 것이다.

그러므로 죄인 된 우리가 주님의 은혜로 다시 살았다.

은혜 안에는 세 번의 눈물이 담겨 있다.

회개의 눈물, 기쁨의 눈물, 감사의 눈물이다.

주님이 십자가 위에서 흘리신 한 방울 한 방울의 보혈에, 나의 수많은 죄의 자국들이 담겨 있다.

주님의 은혜가 나를 살렸다.

주님의 은혜가 나를 성결하게 하였다.

주님의 은혜가 나를 구원하였다.

주님의 은혜가 나를 거룩하게 하였다.

은혜를 알자! 은혜에 감사하자! 은혜에 보답하자!

하나님을 찬양하자. 하나님을 경배하며 경외하자. 하나님께 순종하고 하나님께 헌신하자. 은혜 받은 자는 하나님의 자녀요 하나님의 백성이다. 은혜 받은 자는 천국 백성이요 하나님 나라의 청지기들이요 주님의 몸 된 교회의 영적 군사들이다.

> "그러나 나의 나 된 것은 하나님의 은혜로 된 것이니 내게 주신 그의 은혜가 헛되지 아니하여 내가 모든 사도보다 더 많이 수고하였으나 내가 아니요 오직 나와 함께하신 하나님의 은혜로라" (고전 15:10)

> "은혜가 너희 모든 사람에게 있을지어다" (히 13:25)

체험적 신앙

✝

체험(體驗)이란 몸소 느끼는 경험이다.

체험적 신앙이란, 성경에 기록된 크고 작은 사건들과 같은 사건들을 자신 안에서 성령님의 감동과 역사를 통하여 직접 경험하고 이루어져 가는 현상들이다.

살아 계신 하나님의 역사를 자신의 삶 속에서 직접 체험하는 신앙이다.

그렇게 이루어질 것이라는 미래지향적 신앙이, 지금 현재 날마다의 삶 속에서 실현되는 현실 지향적 신앙을 말한다.

기독교 신앙에서의 체험은, 믿는 자가 믿음을 통해 자신이 믿는 하나님을 만난 것이다.

그러므로 믿는 자의 체험적 신앙은 존중되어야 하며, 동시에 또한 체험의 과정은 객관성을 보장받아야 한다. 체험적 신앙을 위험하다고 일축히는 것은 자기 자신이 체험이 없는 신앙임을 입증하는 섯이라고 할 수 있다. 체험이란 믿는 자가 믿음의 과정에서 하나님을 만난 사건인데, 어떻게 하나님을 믿는 사람이 그 믿음으로 하나님을 만난 것이 위험한 일이라고 할 수 있겠는가? 하나님께서는 당신을 찾고 찾는 자에게 분명히 만나 주신다고 말씀하셨다.

"너희가 전심으로 나를 찾고 찾으면 나를 만나리라" (렘 29:13)

하나님을 만난 체험이야말로 성도의 변화의 지름길이다.

주일 성수나 십일조 헌금 등 체험과 변화의 중심이 되는 기독교의 핵심이 되는 신앙을 강조하면 더러는 기복주의 신앙이라고 매도하는 경우가 많은 것을 본다. 그러나 그것은 기독교의 본질적 교리를 깨닫지 못한 어리석음이다. 구약에서 여호와 하나님께서도 아브람에게 복의 근원임을 말씀하셨고, 시편 1편 1절, 말라기 3장 10절, 예수님의 산상수훈 등 성경의 여러 말씀이 복에 관한 말씀이며, 믿음으로 구원을 받는 그 자체가 큰 복인 것이다. 복을 떠나서는 말씀도 구원도 성립되지 않는다. 육적인 풍요와 강건함도, 영적인 구원과 평안도 모두가 하나님이 주신 복이다.

한자 해석의 석학 허신의 『설문해자』에서도 복 복(福) 자를 '순종하는 것이 복'이라고 해석하고 있다. 성경에 기록된 하나님의 말씀이나 하나님께서 시대마다 불러 세우신 하나님의 종들로부터 선포되는 모든 말씀에 순종하는 그 자체가 복이요 그리고 순종하면 약속하신 복이 그대로 임한다고 기록되었다. 기복주의(祈福主義)라고 비판하는 자들의 그 비판은 약속된 복을 믿고 순종하여 받아 본 복이 없기 때문에 그런 비판을 할 수밖에 없는 것이 아닌가 싶다.

옛말에 '서울에 가 본 사람과 가 보지 않은 사람이 싸우면 가보지 않은 사람이 이긴다'라고 하였다. 기복주의라고 비판하는 사람들의 목소리가 가끔 더 커 보이는 것은 바로 이 옛말과 같은 경우일 것이다. 믿는 그 자체가 복이지만 물론 '기복주의'의 신앙이 되어서는 안 될 것이다.

체험이란 하나님께서 사람의 믿음을 통하여 인간에게 가까이 다가오시는 구체적 상황이요 하나님께 관한 구체적인 경험이요 지식이다. 다시 말해, 여기서의 체험이란 인간이 믿음 안에서 하나님을 만났던 생생한 경험이다.

체험이란 인간에게 접근해 오시는 하나님의 실재와 현존을 개인적 차원에서 인정하는 것이다. 이것은 개인적 차원에서의 하나님의 요청의 실현이다.

예수님께서는 제자들에게 이렇게 말씀하셨다.

> "예수께서 그에게 대답하셨다. 내가 하는 일을 지금은 네가
> 알지 못하나, 나중에는 알게 될 것이다." (요 13:7)

누구나 기독교를 이해할 수 있는 길은 예수 그리스도와 인격적인 만남을 거친 후에 가능하다. 누구나 크리스천이 되지 않으려고 하는 한, 기독교는 이해할 수 없다.

예수님의 제자가 되려는 사람만이 기독교 신앙의 진수를 체험할 수 있는 것이다.

기독교를 체험적 종교라 함은 이론적인 논리로만은 기독교를 이해할 수도, 구원을 받을 수도, 하나님을 만날 수도, 천국의 시민이 될 수도, 아무런 기독교의 진리에 도달하거나 권을 받을 수가 없기 때문이다. 오직 말씀 따라 말씀에 순종하고 실천할 때 성령과 은혜를 통하여 임하시는 하나님의 역사를 직접 체험함으로써 하나님을 만나고, 구원의 확신을 가지며, 주님과 하나님을 직접 증거하는 중인

이 될 수 있기 때문이다.

이러한 신앙적 체험이 없이 어떻게 하나님을 증거하며 믿을 수가 있겠는가?

백문이 불여일견(百聞이 不如一見)이라 하였다. 남의 말을 듣기만 하여서는 확신을 할 수 없고, 자신의 눈으로 직접 보아야만 믿을 수 있다는 말이다. 바로 그 뜻이다. 제아무리 신앙적 활동이 활발하다 할지라도 자신의 기도와 회개 등을 통한 주님을 만난 체험적 기회가 반드시 있어야 한다는 의미다. 그렇게 되면 이제 심령 깊은 곳으로부터 찬양과 경배 그리고 감사 고백, 기쁨의 눈물, 삶의 활력 등이 자연적으로 불이 붙게 된다.

그러한 결정적 체험의 기회를 얻지 못하면 신앙이 의무처럼 불편해지고, 나태해지고, 활력이 없고, 때로는 자포자기하게 되고, 소위 말해 죽은 신앙으로 전락하게 된다.

체험적 신앙을 통해 거듭나게 되면, 자신이 만난 주님을 소개하고 전파하고 자랑하게 된다. 모든 시간과 삶을 하나님과 동행하는 샬롬과 순례의 삶을 살게 되며, 이 세상의 어떤 가치보다도 오직 주님 나라의 모든 가치를 최고로 삼고, 이 세상의 삶이 곧 천국, 하나님 임재와 통치의 삶을 누리게 된다.

인간에겐 누구에게나 아버지가 계신다.

그런데 그 아버지가 생존해 계셨을 때와 돌아가신 후는 사뭇 다르다.

생존해 계실 때는 말씀하시고 때로는 야단도 치시고 간섭도 하시고 같이 식사도 하시고 부르시고 하신다. 그러나 그 아버지가 돌아가신 후에는 아무런 말씀도, 간섭도, 느낌도 없으시다. 자신의 감정 속에만 계실 뿐이다.

기독교 신앙도 이와 같은 이치라 할 수 있다. 모든 인간에겐 하나님이 계신다. 모든 기독교인들에게도 하나님은 계신다. 그런데 그 하나님께서 살아계신 하나님이신가, 아니면 돌아가신 하나님이신가의 문제이다. 체험적 신앙이란 살아계신 하나님께서 항상 자신과 함께 계셔서 말씀하시고 간섭하시고 때로는 나무라시고 함께 식사도하시고 동행하시는 하나님이시다. 그러나 체험이 없는 신앙은 하나님을 만나지도 못할 뿐만 아니라, 말씀도 직접 듣지 못하고, 간섭도 받지 못하고, 더구나 동행도 없으시니, 오직 자신의 감정 속에만 존재할 뿐이다.

좋은 성도가 됩시다

✝

"아름다운 열매를 맺지 아니하는 나무마다 찍혀 불에 던져지
느니라. 이러므로 그들의 열매로 그들을 알리라 나더러 주여
주여 하는 자마다 다 천국에 들어갈 것이 아니요 다만 하늘에
계신 내 아버지의 뜻대로 행하는 자라야 들어가리라." (마
7:15-21)

값진 것일수록 가짜가 많고, 좋은 것일수록 거짓이 많다.

기독교는 종교 중 종교다. 그러므로 또한 기독교를 가장한 이단과
사이비 그리고 가짜가 많다. 누구든지 예수님을 구주로 믿고 교회
에 출석하게 되면 성도가 된다. 성도란 거룩한 백성, 하나님 나라의
하나님의 백성이라는 뜻이다. 지금까지는 세상 나라의 세상 백성으
로 살다가 이제부터는 거룩하신 하나님 나라의 하나님의 백성이 되
었다는 것이다.

세상 나라는 죄악의 나라요 거짓의 나라요 사단의 나라다. 하나
님 나라는 구원의 나라요 진리의 나라요 예수 그리스도의 나라다.

그렇다면 좋은 성도라는 말이 왜 있겠는가? 성도면 됐지 거기에
왜 또다시 '좋은'을 붙여 '좋은 성도'라고 해야만 하느냐. 성도면 의

레히 죄 사함을 받아야 하고, 진리 안에 거해야 하며, 예수님을 구주로 믿고 하나님을 아버지라고 부르며 성령님의 인도하심을 따라 살아야만 마땅하다 하겠다.

구약의 선지자들도 유대인들을 향하여 참된 유대인이 되라고 선포하였다.

그리고 그들을 향하여 이렇게 선포하였다.

> "그러므로 우리가 여호와를 알자 힘써 여호와를 알자 그의
> 나오심은 새벽 빛같이 일정하니 비와 같이, 땅을 적시는 늦은
> 비와 같이 우리에게 임하시리라 하리라" (호 6:3)

유대인이면서 유대 밖에 있었고, 여호와의 백성이면서 그들은 여호와를 알지 못하였다. 성도는 이미 세상으로부터 부름 받아 성령 안에서 그리스도의 몸이 되었다. 물론 그렇다고 하여 완전한 성도가 된 것은 아니지만 완전한 성도가 되어 가는 그 길 안에 있어야 한다.

누가복음 15장에는 탕자의 비유가 나온다.

탕자는 아버지 집 아버지의 품을 떠났다. 그러나 아버지는 그가 다시 돌아올 것을 믿고 기다렸다. 탕자는 어느 날 속된 길을 버리고 아버지 집으로 가는 길로 들어섰다. 성노는 이미 구원의 길로 들어섰다. 좋은 성도란 이제 들어선 그 구원의 길을 벗어나지 않는 사람이다. 구원의 길이라고 하여 결코 평탄한 길만은 아니다. 험난한 길, 구부러진 길, 오르막길, 비탈길일지라도 결단코 그 길에서 벗어나지는 말아야 한다. 신호를 지킬 때는 신호를 지키고, 브레이크를 밟아

야 할 때는 밟아야 하고, 핸들을 돌려야 할 때는 돌려야 한다. 하지만 결코 그 길을 벗어나지는 말아야 한다.

신약 성경에서 성도를 헬라어로 '하기오스'라고 한다. '하기오스'란 원래 '다르다'라는 뜻이다. 따라서 성전이 하기오스다. 성전은 다른 건물과는 다르다. 일반 건물 안에는 사람만 있는데, 성전 안에는 하나님이 계신다. 주일은 하기오스인데, 일반 날은 사람을 위한 날이지만 주일은 주님을 위한 날이다. 헌금은 하기오스인데, 하나님께 드려진 구별된 예물이라는 것이다. 성도는 하기오스인데, 일반 사람과는 다른 사람 곧 하나님의 사람이다.

좋은 성도란 교회 생활에 잘 적응된 성도다. 예배와 기도 그리고 헌금과 순종 등 신앙생활에 필요한 규범들을 무리 없이, 부작용 없이 거부하거나, 거리낌 없이 물이 흐르듯 편한 마음으로 익숙하게 살아가는 그런 성도가 좋은 성도일 것이다. 예수 그리스도를 따르는 마음이 성령 안에서 순조롭게 풀려 가는 삶, 그런 삶이야말로 여유롭고, 영성이 충만하며, 하나님 안에 보호받는, 귀하고 복된 삶이다. 그런 삶을 사는 성도는 좋은 성도다. 이미 하나님 나라 안에 필요한 모든 살림살이가 제자리에 든든히 자리 잡힌 굳건한 삶이다. 마음에는 기쁨이, 자리에는 평안이, 길에는 말씀이, 장래에는 소망이 예비 되고 펼쳐진 나라! 그것은 좋은 성도가 살아가는 아름답고 풍요로운 하나님의 나라이다. 불순종이 없고, 왜곡됨이 없고, 분노가 없고 성냄이 없는 넓은 바다의 잔잔한 물결처럼 거대한 배를 언제든 그 위에 띄우기에 부족함이 없는, 주님의 손에 두 손을 마주 잡힌 사람. 그 사람은 정녕 좋은 성도다.

성도의 삶이 모두 항상 형통한 것만은 아니다. 좋은 성도란 성도로서의 삶이 행여 고난이 온다 하여도 결코 불평하거나 슬퍼하거나 원망하지 않고, 꿋꿋하게 믿음으로 잘 극복해 나가는 그런 성도다. 그럴 때일수록 주님을 생각하며 주님의 고난을 묵상하며 주님께로 더욱 가까이 나아가는 성도, 그런 성도가 참으로 좋은 성도다.

성도란 또한 어느 한 개인만을 지칭하는 것은 아니다. 포도 열매는 한 알, 한 알이 모여서 포도송이를 이룬다. 그와 같이 성도 역시 한 개개인의 성도가 모여 교회를 이루고 또한 성도를 이룬다. 그러므로 예수를 구주로 믿는 한 개인이 성도요 성도 중 하나요 그들이 모여 또한 성도가 된다.

> "또 참으로 나와 멍에를 같이한 네게 구하노니 복음에 나와
> 함께 힘쓰던 저 여인들을 돕고 또한 글레멘드와 그 외에 나의
> 동역자들을 도우라 그 이름들이 생명책에 있느니라" (빌 4:3)

> "그때에 네 민족을 호위하는 큰 군주 미가엘이 일어날 것이요
> 또 환난이 있으리니 이는 개국 이래로 그 때까지 없던 환난일
> 것이며 그때에 네 백성 중 책에 기록된 모든 자가 구원을 받
> 을 것이라" (단 12:1)

좋은 성도란 하나님의 생명책에 기록된 그 이름이 다시 지워지거나 희미해지지 않는 사람이다. 타락함이 없고, 결코 무슨 일에나 시험 들지 아니하며, 사단의 유혹의 올무에 걸려들지 않는 성도, 언제나 예수 그리스도의 곁에서 떨어지지 않는 성도, 주님의 십자가 밑

을 한시도 멀리하지 않고 주님이 십자가 위에 못 박혀 피 흘릴 때 그 밑에서 눈물을 흘리던 여인들처럼, 주님이 무덤에 묻힌 날 다음 새벽에 향유를 들고 무덤을 찾았다가 천사를 만났던 여인들처럼, 주님의 부활을 증거하는 성도, 그 성도는 참으로 좋은 성도다.

비가 오나 눈이 오나 바람이 부나 일생 동안 새벽 제단을 지키는 성도. 기쁨과 감사의 눈물 그리고 회개의 눈물이 마르지 않는 성도, 그 성도는 참으로 좋은 성도다.

성도는 세상 사람들에게 불리는 성도가 있고, 하나님께 불리는 성도가 있다.

세상 사람들에게 불리는 성도는 교회에 출석하는 사람이다. 그러나 하나님께 불리는 성도는 교회에 출석하면서 교회에서 또는 교회 밖에서, 해야 할 하나님의 일에 묵묵히 충성을 다 하는 사람이다. 하나님의 일을 위하여 선택된 사람.

주인이 아침에도, 정오에도 그리고 오후에도 거리에 나가 불러온 사람, 그리고 받은 바 데나리온을 오직 감사함으로 받은 성도, 그 성도는 '하기오스' 주님의 피로 죄 사함을 받은, '용서받은 죄인' 좋은 성도다.

성도라는 이름에는 다음과 같은 네 가지의 특별한 의미가 있다.

첫째, 성결, 둘째, 믿음, 셋째, 사랑, 넷째, 지식과 지혜다.

레위기 19장 2절 말씀에 여호와 하나님께서 이스라엘 백성들을 향하여 "너희는 거룩하라 나 여호와 너희 하나님이 거룩함 이니라" 라고 말씀하셨다.

성도는 거룩하신 하나님의 백성이기에 다른 사람들과는 구별되는 성결함이 있다. 그 성결함이란 어린양의 피로 죄 사함, 죄 씻음을 받았기 때문이다. 성도는 그 사실과 은혜를 믿는 믿음이 있다. 모든 일은 오직 믿음 안에서 믿음으로 받고, 믿음으로 해결하고, 믿음으로 넘긴다. 그것은 곧 사랑이다. 주님의 구원의 행위가 전적으로 사랑으로만 구성되어 있기 때문에 그 은혜를 믿는 믿음 역시 온통 사랑으로 빚어져 있다. 믿음은 사랑의 결정체다. 사랑으로 사는 사람은 하나님을 아는 지식이 있다. 이 지식은 아주 특별한 지식이요 이 지식은 모든 지식 위에 뛰어난 지식이다. 이 지식을 가진 자는 성령의 지혜를 받는다.

좋은 성도는 끝까지 주님을 따르는 자다. 주님이 가시는 길은 결코 넓은 길만은 아니다. 처음에는 넓은 길처럼 보이지만 갈수록 그 길은 좁아져서 따르기에 점점 힘들어진다. 그러나 그럴수록 주님의 손을 더욱 굳게 잡고, 골고다 언덕 십자가 위에까지 함께 간다. 그러한 성도를 하나님께서는 귀하게 여기신다. (요 12:6)

좋은 성도는 죽도록 충성하는 자다. 세상에서의 죽음은 끝이고 마지막이다. 그러나 하나님 나라에서의 죽음은 영원한 세계로의 새로운 시작이다. 죽음 다음에 부활이 있기 때문이다. 좋은 성도는 십자가 위에까지 주님을 따라 못 박힘으로 충성을 다 할 때 하나님께로부터 생명의 면류관을 받는다. (계 2:10)

좋은 성도에게는 하나님의 말씀이 유일한 생명 양식이다. 날마다 하나님의 말씀을 양식으로 먹는다. 양식으로 먹는다는 것은, 그 말씀을 끝까지 믿고 지킨다는 것이다. 하나님의 말씀은 곧 하나님의 권능이다. 하나님의 통치와 승리가 말씀 속에 있고, 말씀으로 이루어진다. 그러므로 좋은 성도는 하나님의 말씀을 끝까지 지켜서 하나님의 권능으로 하나님의 통치와 승리를 이루어 가는 성도다. (계 2:10)

좋은 성도는 시험을 이기는 자다. 시험과 연단은 고난으로 온다. 고난을 싫어하면 시험도 이기지 못한다. 하나님의 영광을 생각하며 시험과 연단과 고난을 끝까지 참고 이겨야 한다. 그 속에서 하나님의 통치와 역사를 맛보아 알게 된다. 이기는 자가 그 이김으로 하나님의 나라를 상속받는다. 하나님의 나라는 영원한 나라다. 이와 같은 좋은 성도의 믿음으로 하나님의 나라는 영원히 상속된다. (눅 22:28-29)

좋은 성도는 겉과 속이 같은 사람이다. 겉 다르고 속 다르지 않은 성도가 곧 좋은 성도다. 예수님 시대에는 특별히 거짓 선지자들이 많았다. 거짓 선지자들이란 사단의 종들이다. 그러므로 그들은 겉보기에는 천사 같으나, 속에는 검은 구름으로 덮여 있다.

성도가 그래서는 좋은 성도가 되지 못한다. 겉보기에는 언제나 천사 같으나, 그의 삶으로 맺어진 열매를 보면 악한 열매를 맺는다. 악한 열매는 독이 있어 사람을 죽이는 열매다. 악한 열매는 하나님의 제물이 될 수 없다. 순간순간의 삶을 하나님께 바치고 헌신한 사람은 좋은 성도요 이미 하나님의 제물이 된 성도다. 그의 입에는 거짓이 없고 그의 마음에는 간사가 없다. 좋은 성도는 어린양이 어디로 인도하든 그 인도하는 길로 들어서서 순종으로 따라가는 성도다. (계 14:4)

하나님의 보좌 앞으로 나아가는 성도다.

"청함을 받은 자는 많되 택함을 입은 자는 적으니라" (마 22:14)

참된 예배를 드리자

✝

참되다는 거짓이 없다는 의미다. 참된 예배란 거짓과 위선이 없는 진실된 믿음으로 드리는 예배다.

믿음과 구원은 하나님께서 택하신 백성들에게 주신 선물이다. 구원의 선물은 전적으로 창조자이신 하나님의 권리에 근거한 것이다. 예배는 구원받은 하나님의 백성인 성도가 하나님께 드리는 응답이다.

인간에 대한 평가는 일상적인 삶에서 비롯된다.

예배란? 성도들의 모든 삶 전체를 포함하고 있는 것이다. 은혜의 시대를 지나 종말의 기점에 들어선 이 시대를 살아가는 성도들의 세상에서의 삶과 교회 공동체에서의 찬양과 헌신 그리고 순종 등의 신앙생활에 대한 기본이 곧 예배다.

분별한다는 것은 서로 다른 두 가지를 구별하는 것이다. 내 뜻은 무엇이고, 하나님의 뜻은 무엇인가? 세상의 뜻은 무엇이고, 하나님의 뜻은 무언인가? 나의 뜻과 하나님의 뜻은 과연 무엇이 어떻게 다른가? 그것들을 먼저 분별을 해 보아야 한다. 그리고 난 후에 나의 뜻과 세상의 것을 버리고 하나님의 온전하신 뜻을 따를 때, 드디어 하나님께서 원하시는 산 제사, 산 예배를 드릴 수 있다.

그리스도인들은 예수 그리스도로 말미암아 새로 태어난 아이로서 영적인 참된 젖을 사모하고 하나님께서 받으실 만한 영적인 참된 예배를 드려야 한다. 참된 예배는 마음과 뜻과 행위로서 하나님을 찬양하기 위해 하나님의 뜻에 동의하는 것이다. 내가 드리는 예배라고 하여 하나님의 뜻과는 상관도 없이 내 마음대로 내 뜻대로 마구잡이로 드린다면, 그 예배를 어찌 하나님께서 받으시겠는가?

레위기의 계약서 3장 6절에서 천사는 예배에 대하여 이렇게 말한다.

"주께 영적인 좋은 향기와 피로 물들지 않은 제물을 바침."

요한복음 4장 23절에는 "아버지께 참으로 예배하는 자들은 신령과 진정으로 예배할 때가 오나니 곧 이때라 아버지께서는 이렇게 자기에게 예배하는 자들을 찾으시느니라" 하였고, 24절에서는 "하나님은 영이시니 예배하는 자가 신령과 진정으로 예배할지니라"라고 하였다.

여기서 영과 진리로 예배드리는 것은 바로 종말론적 예배, 곧 세상 말세, 마지막 때, 주님께서 오시기 직전을 바로 지금 이 세대를 말한다. 세상이 말세가 되어 진정한 믿음을 가진 자가 없으니 또한 예배가 타락하여 진정한 예배로 회복되어야 할 시점을 가리키는 것이다.

하나님께서는 사도바울의 입을 통하여 이 세대를 사는 우리 모두에게 이렇게 말씀하신다.

"너희 몸을 하나님이 기뻐하시는 거룩한 산 제사로 드리라."

산 제사로 드리라는 것은 죽은 제사로 드리지 말라는 것이다. 예배에도 산 예배와 죽은 예배가 있다는 것이다.

산 제사, 산 예배를 드리기 위하여서는 먼저 하나님의 선하심을 알아야 한다. 하나님은 사랑하시고 죄가 없으시고 우리에게 독생자를 주셔서 우리를 구원해 주셨다.

다음으로 하나님께서 기뻐하신 것이 무엇인지를 알아야 한다. 하나님은 우리의 구원을 기뻐하시고, 우리가 하나님의 말씀에 순종하는 것을 기뻐하시며, 우리가 하나님 안에서 평강의 복을 누리는 것을 기뻐하신다. 그다음으로 하나님의 온전하신 뜻이 무엇인지를 알아야 한다. 하나님은 영원무궁토록 변함이 없으시다. 하나님은 전지전능하시며 영원하시다.

성령께서는 믿는 성도들을 그들 개인의 의견대로 버려 두지 않고 오히려 그들을 불러서 하나님의 공동체에 합당한 행동을 하도록 만드신다. 이 모든 것을 알게 하는 것도 그리고 하나님의 거룩한 뜻을 따라 신령과 진정으로 드리는 산 예배로 회복되게 하신 분도, 오직 성령이시다.

예배란 예를 갖추어 절하는 것이다. 사람이 하나님 앞에 엎드려 부복하는 것이다. 예배의 봉사는 하나님의 거룩한 위엄과 하나님의 현존으로 나아가는 사람에게 있어야 할 육체와 정신과 마음의 그리고 영의 표현이다.

예배란 또한 인간이 하나님께 드려야 할 하나님의 영광과 하나님께 드리는 복종의 표현이다. 그러므로 예배의 근본적인 의미는 하나님께 대한 완전한 겸손이요 참회며, 사랑하고 감사하는 마음으로 하나님 앞에 나아가는 행동이다.

홍현설은 예배에 대한 예를 이렇게 들었다. 어떤 이는 예배를 오후에 해변에 밀려드는 조수(潮水)에 비교하였다. 조수가 빠져나간 해변은 수많은 구멍들과 여러 가지 파편들로 가득 차 있다. 그러나 조수가 다시 올라와서 이 모든 불결한 것들을 바다로 끌어간다. 해변은 다시 한번 깨끗해진다. 이처럼 하나님은 그 은총의 조수를 가지고 와서, 인간들의 모든 허물과 죄를 그의 사랑의 대양(大洋)으로 가져다 묻어 버리신다. 그러므로 예배는 종교의 참생명인 것이다.

주 예수그리스도를 구주로 믿고 확신을 가지면 하나님의 자녀로 구원을 받게 된다. 예배는 그렇게 구원받은 성도들이 함께 모여 하나님을 찬양하고, 경배드리고, 말씀을 듣고, 영의 양식을 얻어 새로운 영적 에너지를 공급받아 충만하게 된다. 그 일을 자주 반복해야 한다. 왜냐하면 세상에 나가 삶을 살다 보면 또다시 우리의 심령 속에 세상적 이끼가 끼고, 죄의 먼지가 내려앉으며, 심령의 피곤으로 허약해지기 때문이다. 또 예배를 통하여 성령님의 크신 역사와 임재를 통해 새로운 영적 힘을 공급받아 세상을 이기는 승리의 삶을 계속할 수가 있기 때문이다.

그러므로 하나님께서는 하나님께 적극적으로 그리고 진정으로 예배하는 사람을 찾으신다고 하셨다.

"여호와의 눈은 온 땅을 두루 감찰하사 전심으로 자기에게
향하는 자들을 위하여 능력을 베푸시나니" (대하 16:9)

솔로몬이 왕이 된 후에 하나님께 일천번제를 드릴 때 하나님께서
는 솔로몬을 축복하셨다.

"이에 왕이 제사하러 기브온으로 가니 거기는 산당이 큼이라
솔로몬이 그 제단에 일천번제를 드렸더니 기브온에서 밤에
여호와께서 솔로몬의 꿈에 나타나시니라 하나님이 이르시되
내가 네게 무엇을 줄꼬 너는 구하라" (왕상 3:4-5)

성도가 하나님을 향하여 예배드릴 때 하나님은 또한 그 예배를
통하여 찾아오셔서 은혜와 권능을 베푸시고, 인간은 또한 그 은혜
와 권능의 하나님께 응답하여 무릎을 꿇는다.

하나님은 고통 가운데 신음하며 부르짖는 사람들을 찾아 들으시
고, 친히 오셔서 그들을 사랑하시며 은혜를 베푸신다.

아브라함을 찾아오셔서 언약하시며 복을 주셨고, 이삭과 야곱을
찾아오셔서 그들의 갈 바 그 길을 인도해 주셨다. 이스라엘 민족이
애굽에서 노예로 고통받고 신음하며 부르짖을 때 여호와 하나님께
서는 당신의 종 모세를 친히 보내셔서 바로를 물리치고 이스라엘 민
족을 구원해 내셨다.

하나님을 만난 사람들, 하나님의 기적과 권능과 이사를 체험한 사
람들 그리고 하나님의 구원의 은혜를 친히 맛본 사람들의 공통된
경험에는 두 가지가 있다. 하나는 하나님의 권능의 임재에 압도된

것이요 또 다른 하나는 그 하나님을 경배하며 찬미하는 것이다. 바로 이것이 우리가 드리는 예배의 가장 단순한 형태다. 즉, 예배는 임재하신 하나님의 현존에 응답하는 인간의 경배요 찬미요 감사이며 순종이다.

예배에는 여러 형태의 예배가 있으나, 그중에서도 온 가족이 함께 모여 하나님께 드리는 가정 예배는 그 어떤 예배보다 참으로 중요하다 하겠다. 무엇보다도 온 가족 서로서로가 하나님 앞에서 인격적으로 만날 수 있고, 온 가족이 함께 하나님의 임재를 체험함으로써 서로 사랑하게 되고, 서로 이해하며 존중하게 된다. 특히 가정 예배는 온 가족이 한자리에서 모두 함께 하나님 나라의 큰 축복을 받으며 천국 시민으로서의 영적 체험을 통해 가족 간의 막혔던 담이 무너지고, 가정 공동체의 진정한 사랑과 신뢰가 형성된다.

> "너와 네 자녀와 5와 네 성중에 있는 레위인과 및 너희 중에 있는 객과 고아와 과부가 함께 네 하나님 여호와께서 자기의 이름을 두시려고 택하신 곳에서 네 하나님 여호와 앞에서 즐거워할지니라" (신 16:11)

예배는 '샤하(Shaha)'는 '따른다'라는 것이요 '아바드'는 '섬긴다'는 것이다.

> "히스기야 왕이 5 더불어 레위 사람을 명령하여 다윗과 선견자 아삽의 시로 여호와를 찬송하게 하매 그들이 즐거움으로 찬송하고 몸을 굽혀 예배하니라" (대하 29:30)

"욥이 일어나 겉옷을 찢고 머리털을 밀고 땅에 엎드려 예배하며" (욥 1:20)

'몸을 굽히고 엎드린다'는 표현은 인간이 하나님 앞에 완전히 복종해야 하는 존재임을 의미하는 것이다. 그리고 하나님의 주권과 위엄과 자비에 대한 응답이다.

인간의 영혼 깊은 속에서 사랑과 충성과 복종과 헌신으로 응답하는 예배, 그래서 영원하신 하나님과 만나고 대화하는 예배, 이것이 신령과 진정으로 드리는 참예배다. 오늘 우리는 이러한 예배를 드리고 있는가?

예수님은 말씀하신다.

"아버지께서는 이렇게 예배하는 자들을 찾으시니라" (요 4:24 하)

진정으로 하나님께 드리는 참된 영적인 예배는 무엇인가? 하나님께 자신의 몸과 마음과 영혼, 그리고 그 몸과 온 생명으로 매일 매일 행하는 모든 삶을 드리는 것이다. 진정한 예배는 하나님께 매일 매일의 삶을 순종과 복종으로 그리고 감사와 기쁨으로 드리는 것이다.

이동원은 그의 저서 『이렇게 밤을 지나라』에서 예배의 초점에 대해 "예배란 엎드려서 내가 피조물인 것을 깨닫고 피조물인 내가 나를 지으신 하나님을 바라보고 하나님의 하나님 되심을 인정하는 것이다."라고 고백한다.

구원받은 성도들도 때로는 힘들고 어려운 곤경이 찾아올 수도 있고, 견디기 힘든 슬픔 속에서 절망의 눈물을 흘릴 때도 있다. 그럴 때도 낙심하거나 절망적 늪으로 빠져들지 말고, 그럴 때일수록 하나님을 찾아 예배를 드리며 자신의 모든 어려움과 고통스러움을 하나님께 아뢰고, 진솔하게 하나님의 도우심을 간구하면 하나님께서 들으시고 마음을 평안하게 해 주시며, 고통과 슬픔 그리고 어려운 절망에서 이끌어 내 주신다. 그러므로 다시 평안을 회복하게 된다.

인류의 역사에서 인간은 귀하고 신비한 것들을 많이 발명하여 인간의 삶을 보다 편리하고 윤택한 삶으로 발전 시켰다. 그 모든 것은 오직 하나님께서 인간에게 특별히 허락하신 지혜 때문일 것이다. 그러나 생활에 필요한 그 어떤 발명보다도 가장 값지고, 가치 있고, 위대한 것은 자기 자신, 즉 인간은 하나님 앞에 죄인이라는 사실을 발견하고 깨닫는 일이다. 그 진리를 깨닫지 못한 상태에서의 그 어떤 발명도 오히려 결국에는 인간을 더욱 죄악의 구렁으로 몰아넣는 지름길이 될 뿐이다.

각종 문화와 문명이 발전하고 물질이 풍부해져서 인간의 삶이 윤택해질수록 인간의 죄성은 더욱 질이 높아지고 깊어지기 때문이다.

인간에게 주어진 최대 최고의 가치는 예수 그리스도를 통하여 하나님을 만나는 길이다. 그 길이 아닌 다른 길은 참 길이 아니요 진정 우리가 가야 할 길을 가로막는 장애의 길일 뿐이다.

"예수께서 가라사대 내가5이요 진리요 생명이니 나로 말미암지 않고는 아버지께로 올 자가 없느니라" (요 14:6)

성경에 기록된 인물들의 고백을 들어보면 곧 자신이 죄인 것을 깨달은 고백들이다.

"그때에 내가 말하되 화로다 나여 망하게 되었도다 나는 입술이 부정한 사람이요 입술이 부정한 백성 중에 거하면서 만군의 여호와이신 왕을 뵈었음이로다" (사 6:5)

"미쁘다 모든 사람이 받을만한 이 말이여 그리스도 예수께서 죄인을 구원하시려고 세상에 임하셨다 하였도다 죄인 중에 내가 괴수니라" (딤전 1:15)

인간은 누구든 하나님 앞에 섰을 때 비로소 자기 자신의 진정한 존재를 알 수 있다.

문제는 자기가 자기를 보는 눈이다. 자기가 자신을 볼 때 위대해 보이고 크게 보이면 그 보임은 잘못된 실상이다. 주님을 만나고 하나님의 사람으로서의 믿음의 눈으로 자신을 보면 그때 자신의 어리석음을 깨닫게 된다. 이제는 죄가 크게 보이고, 자신은 한없이 작아 보이기 때문이다.

"내가 의인을 부르러 온 것이 아니요 죄인을 불러 회개시키러 왔노라" (눅 5:32)

예배는 죄인 된 인간이 하나님의 사랑과 예수 그리스도의 은혜에 힘입어 구원받고 하나님께로 나아가는 생명의 길이요 영생의 길이다. 그러므로 예배에는 한 치의 거짓도 없어야 하며, 오직 경건과 거룩과 기쁨이 있어야 한다.

모든 예배는 오직 성령의 감동과 주관하심과 인도하심으로 드려야 한다.

좋은 소식(消息)

✝

소식은 여러 모양으로 온다.
슬픈 것 기쁜 것 괴로운 것
반갑고 즐겁고 희망찬 소식
편지에 기록되고 말에 전달되고
소문에 떠다니고

소식이 많음은 젊음에 있고
소식이 적음은 늙음에 있고
소식이 끊김은 죽음에 있다.

　나이가 젊었을 때에는 들려오는 소식도 젊고 활기차다. 그러나 나이가 들어 갈수록 주변에서 전해지는 소식도 점점 시들해진다. 아무개 아버지가 넘어져서 다쳤나느니, 어느 친구가 요양병원에 입원했다느니, 오랫동안 소식이 멀었던 친구가 갑자기 소천했다느니, 그러다 보면 소식도 점점 뜸해져 간다.

　소식에는 두 가지가 있다. 세상을 떠도는 세상적이고 육신적인 소식이 있다. 그 소식들은 희망찬 소식은 여간 드물다. 때로는 걱정이

기도 하고, 아픔을 주는 소식도 많다. 그러기에 무슨 소식이 오면 먼저 가슴이 뜨끔하기도 한다. 문화와 문명이 고도로 발전하다 보니 그만 갑작스러운 사고도 많기 때문에 그렇다. 교통사고, 질병 사고, 파산 사고, 테러로 인한 정치적 변재도 마음을 편치 못하게 한다.

그러나 영적 세계에서 들려지는 복음은 언제나 우리에게 꿈과 희망과 소망 그리고 기쁨과 구원을 준다.

"눈의 밝은 것은 마음을 기쁘게 하고 좋은 기별은 뼈를 윤택하게 하느니라" (잠 15:30)

좋은 소식은 사람의 마음을 즐겁고 기쁘게 하고 또 다른 이야깃거리가 되는 보화와도 같다. 하나님은 언제 가장 기뻐하실까? 그의 자녀들이 진리 안에 행한다 하는 소식을 들을 때에 가장 기뻐하신다. 뼈는 육체의 건강과 안정이 좌우되는 기초라고 할 수 있다. 뼈의 윤택은 풍부한 골수를 온몸에 공급해 주고, 몸 전체의 조직을 튼튼하게 해 주는 것을 의미한다. 좋은 기별은 기쁨과 위안과 건강과 적극적인 활기와 영과 생명과 행복에 기여한다는 말씀이다. '눈의 밝음'은 기쁜 친구의 모습을 의미한다. 기쁜 친구가 전능하신 하나님이실 때에 마음을 얼마나 기쁘게 하겠는가? 하늘로부터 오는 좋은 소식은 우리의 위안의 정수가 된다.

"주의 성령이 내게 임하셨으니 이는 가난한 자에게 복음을 전하게 하시려고 내게 기름을 부으시고 나를 보내사 포로 된 자에게 자유를, 눈먼 자에게 다시 보게 함을 전파하며 눌린 자

를 자유롭게 하고 주의 은혜의 해를 전파하게 하려 하심이라

하였더라" (눅 4:18-19)

'가난한 사람'이란 실제로 가난한 사람만을 가리키지 않는다. 눈먼 사람, 절뚝발이, 나병환자, 귀머거리, 죽은 자 그리고 포로 된 사람, 눌린 사람 전체를 가리키는 말이다.

이들에게 기쁜 소식이란 무엇인가? 눈먼 자에게는 보는 일이고, 절뚝발이에게는 걷는 일이고, 나병환자에게는 깨끗해지는 일이고, 눌린 자에게는 해방되는 일이다.

예수님 당시, 병자들은 대부분 의원을 찾을 수가 없었다. 너무나 가난했기 때문이다. 그래서 예수님은 가난한 이들의 고통을 덜어 주려고 병을 고쳐 주었다. 당시 병자들은 신의 저주를 받아 병에 걸렸다고 해서, 모두 '죄인'으로 불렸다. 그래서 예수님은 이들에게 진정한 구원이 '사람으로 받아들여지는 것'임을 알고서 '죄인'으로 취급받는 이들이 사람으로 대접받는 일을 위해서 그들을 불러 구원을 베푸셨다.

냉수가 목마른 영혼에게 갈증을 해갈시켜 주는 것처럼, 먼 나라로부터의 기쁜 소식은 우리에게 큰 기쁨을 준다.

좋은 소식

사마리아에 큰 전쟁이 있었다. 아람 왕 벤하닷이 당시 이스라엘의 수도였던 사마리아 성을 에워쌌다. 사마리아 성은 외부에서 식량이

들어와야 먹고살 수 있는 도시였기에 포위된 이 성안의 사람들은 꼼짝없이 모두 굶어 죽게 된 것이다.

마침 이스라엘 왕이 성안을 지나가고 있을 때, 한 여인이 목이 메도록 왕을 불렀다.

> "또 가로되 무슨 일이냐 여인이 대답하되 이 여인이 내게 이르기를 네 아들을 내라 우리가 오늘날 먹고 내일은 내 아들을 먹자 하매 우리가 드디어 내 아들을 삶아 먹었더니 이튿날에 내가 이르되 네 아들을 내라 우리가 먹으리라 하나 저가 그 아들을 숨겼나이다" (왕하 6:28-29)

왕은 그 여인의 말을 듣고 자기 옷을 찢으며 한탄하였다.

식량이 없어 모두 굶어 죽게 되어 서로의 아들을 잡아먹는 슬픈 고통의 지경에 있을 때, 갑자기 살길이 열렸다. 굶어 죽으나 아람 군대에게 잡혀서 죽으나 죽는 일은 매한가지지만, 그러나 여기서 이제 더 이상의 굶주림을 견딜 수 없어서 아람 군대에 항복을 하러 들어갔던 문둥이들로부터 기쁨의 소식이 전해진 것이다.

> "우리가 아람 진에 이르러 보니 거기 한 사람도 없고 사람의 소리도 없고 오직 말과 나귀만 매여 있고 장막들이 그대로 있더이다" (왕하 7:10)

문둥이들이 새벽에 아람 군대의 진영으로 들어갔을 때는 선지자 엘리사의 예언대로 아람 군대는 하나님 군대의 병거 소리를 듣고 혼비백산하여, 모든 군수물자를 그대로 두고 이미 도망을 가고 한 사람도 없었다.

문둥병으로 인하여 성안에서도 쫓겨난 몸, 온몸에 진물이 흐르고 썩어 들어 가는 더러운 몸이지만 이들이 가지고 온 소식은 좋은 소식이다. 죽어 가는 자들을 살려 내는 기쁨의 소식이다. 적군이 모두 도망갔다는 소식이다. 하나님의 군대의 화력에 속아 아람 군대는 급한 마음에 먹을 것과 모든 군사물자를 그대로 두고 혼비백산하여 도망간 것이다. 죽어 가는 사마리아 성 사람들에게 이 소식을 전해 준 사람들은 다른 사람이 아닌, 그들에게 사람 대접도 받지 못했던 문둥병자들이었다. 문둥이 네 사람이 이 소식을 가지고 사마리아 성을 향하여 뛴 것이다. 비록 저들은 문둥이였으나, 그들이 가진 소식은 무엇으로도 바꿀 수 없는 좋은 기쁨의 소식이었다.

죽음 직전에 있던 사마리아 사람들은 곧 해방이 되고, 아람 진영으로 달려가서 먹을 것과 마실 것을 취하여 살아났다. 그러나 이러한 일이 있으리라 예언한 엘리사의 말을 믿지 않았던 장관은 그 풍성한 양식을 먹어 보지 못하고 군중에게 밟혀 죽고 말았다. 좋은 소식이 들려왔을 때 산 자와 죽은 자가 생겼다. 우리가 좋은 소식을 듣고 산 자가 되어야 한다.

예수님 당시의 사람들노 주님을 믿지 않음으로 구원을 받지 못한 자들이 많았다. 은혜스러운 예수님의 육성을 직접 들으면서도 마음의 문을 닫고 은혜를 받지 못했으니, 그들은 참으로 불쌍한 심령들이다. 예수님을 따라다니면서 은혜는 안 받고 오히려 그 말씀을 책잡으려 하였으니, 구원을 받을 수가 있겠는가?

주님을 만남으로 새로운 피조물로 변화되는 체험을 할 때의 희열을 체험해 본 자만이 알 수 있는 일이다.

> "여호와께서 이스라엘 족속에게 이르시기를 너희는 나를 찾
> 으라 그리하면 살리라" (암 5:4)

> "너희는 여호와를 만날만한 때에 찾으라 가까이 계실 때에
> 그를 부르라" (사 55:6)

우리는 부족해도 우리의 복음의 내용은 부족하지 않다. 우리는 무능해도 복음은 폭발하는 다이너마이트 같은 능력이 있다.

멀리서 오는 소식, 좋은 기별은 사람들에게 기쁨을 준다.

영혼의 죄가 제거되어 구원을 받을 수 있다는 기쁜 소식은 그 영혼에게 기쁨을 줄 것이다.

여기서 다윗의 고백을 들어 보자.

> "허물의 사함을 얻고 그 죄의 가리움을 받은 자는 복이 있도
> 다 마음에 간사가 없고 여호와께 정죄를 당치 않은 자는 복이
> 있도다" (시 32:1-5)

죄로 인해 영혼의 암흑 가운데 있었던 우리에게는, 예수 그리스도께서 죄인들을 구원하기 위해서 이 땅에 오셨으며, 뼈를 기름지게 하기 위해서, 즉 새로운 생명을 주기 위해서 오셨다는 것은 정녕 좋은 기별이요 기쁨의 소식이다.

멀리서 오는 좋은 소식은 우리에게 더욱 큰 기쁨을 준다.

먼 거리에 있다는 것으로 인하여 우리는 더욱 간절히 기다리게 되기 때문이다.

주님께서 "수고하고 무거운 짐 진 자들아 다 내게로 오라" (마11:28) 라고 말씀하셨을 때, 주님은 죄인들의 고통스러운 사정을 이미 아시고 말씀하셨다.

주님은 우리를 구원하시기 위하여 먼 나라로부터 오셨고, 은혜와 성령을 동반하셨다. 멀고도 가까운 나라, 거기는 하나님 나라다. 거기에는 우리의 친구들이 있다. 거기에는 우리가 알고 사랑하는 사람들이 얼마나 많은가! 얼마나 많은 사람들이 매일 그 하나님 나라를 소유하는가! 우리 중 어떤 이들은 지상에 보다 하나님 나라에 더 많은 친구들을 소유하였다. 우리는 거기서 영원히 살기를 기대한다. 거기서 우리는 썩지 않고, 더럽히지 않고, 시들지 않는 유업을 받게 될 것이다.

> "그가 찔림은 우리의 허물 때문이요 그가 상함은 우리의 죄악
> 때문이라 그가 징계를 받으므로 우리는 평화를 누리고 그가
> 채찍에 맞으므로 우리는 나음을 받았도다." (사 53:5-6)

기장 좋은 소식은 복음이다. 사장 기쁜 소식은 구원의 소식이다. 복음은 구원의 기쁜 소식이다. 구원의 소식을 듣고 아멘 하는 자가 복 있는 사람이요 선택받은 사람이요 하나님을 기쁘시게 하는 하나님의 자녀요 하나님의 백성이다. 나의 죄를 사하시기 위하여 우리 주님 십자가에 못 박혀 고난 받으신 소식, 비운의 소식이요 절규의

소식이요 통탄의 소식이다. 그러나 하나님께서는 다시 죄악의 구렁에서 건져 주시고 사단의 올무에서 풀어 주셨다. 그것은 이 일을 위하여 애쓰신 하나님의 결단이요 역사요 섭리다. 우리를 살리는 소식이요 자유케 하는 소식이요 생수의 소식이다. 우리 모두 이제는 이 기쁜 구원의 소식을 널리 전하는 전도자가 되자. 파수꾼이 되자. 아직도 어두움과 고통 속에 신음하며 죄 가운데서 몸부림하는 불쌍한 저들에게 구원의 이 기쁜 소식을 힘써 전하자!

새벽을 깨우자

✝

새벽은 신선하다.

새벽은 새롭고 산뜻하다. 싱싱하다. 생명력이 강하다. 음식에 비유하면 영양가가 높고 풍부하다. 산소의 성분이 높고 오염이 없는 깨끗한 공기, 맑은 공기를 마시려면 깊은 산 속으로 들어가야 하는 것처럼, 신선하고 풍성한 영적 은혜를 체험하려면 새벽을 깨우고 일어나야 한다. 새벽 공기는 아주 맑고 신선하다. 아직 만물이 잠들고 있을 때, 아직 세상이 때 묻지 않고 시끄럽지 않을 때, 밝은 태양이 아직 세상의 어두운 구석을 비추지 않을 때. 그렇게 새벽은 맑고 신선하고 상큼하다.

아담과 하와가 사탄의 유혹을 받아 선악과를 아직 따먹지 않았을 때의 아름답고 성결했을 때의 신선한 에덴의 아침처럼, 그렇게 새벽은 아름답고 거룩하고 생동감이 넘친다. 새벽 기도를 나오려면 그 시간에 맞춰서 일어나기가 제일 어렵다. 그러나 그 어려움을 이기고 일어나기만 하면 모든 것이 생기가 넘치고, 하나님께서 부어 주신 최고와 최상의 축복을 받아 누리게 된다.

참된 일꾼은 새벽이슬을 밟으며 일터로 나간다. 옛날 어렸을 때 동구 밖에 감나무가 하나 있었는데, 새벽에 일찍 일어나 그 감나무 밑에 가면 감을 많이 주워 올 수 있었다. 그러나 조금만 늦게 가면 한 개도 줍지 못한다. 이미 다른 사람이 와서 다 주워 갖기 때문이다.

하나님께서는 새벽에 일터로 나간 일꾼들에게 신선하고 성결한 축복을 주신다. 새벽의 일터는 제단의 십자가 밑이다.

새벽은 은혜가 깊다.

은혜의 가장 깊은 바다는 새벽이다. 언저리 가장자리 얕은 물에는 고기가 없다. 밤새 빈 그물만 들어 올린 베드로에게 주님은 "깊은 데로 가서 그물을 던지라" (눅 5:4)라고 말씀하셨다. 깊은 데는 새벽 십자가 밑이다. 거기에는 값진 주님의 은혜가 묻혀 있고, 쌓여 있다. 주님께서 그곳에 참된 은혜를 감추어 두셨다. 베드로는 밤새도록 온 바다를 누비고 다녔다. 그러나 고기를 잡지 못했다. 그럴 때 그렇게 실망하고 비통함에 잠겨 있을 때 주님은 그를 찾아오셔서 말씀하셨다.

"깊은 데로 가서 그물을 던져라" (눅 5:4)

은혜가 감춰진 처소에도 번지수가 있다. 제1번지가 바로 새벽 십자가 밑이다. 남의 밭을 빌어서 갈던 농부가 땅속에 감춰져 있는 보화를 발견하고 감춰 두고, 돌아가서 모든 소유를 다 팔아서 그 밭을 샀다고 하였다. (마 13:44)

성도 수가 아무리 많아도 새벽 제단을 쌓은 성도는 항상 정해져 있다. 그 성도들은 새벽 제단 십자가 밑에 감춰진 보화를 이미 발견했기 때문이다. 그들은 돌아가 모든 소유를 다 팔아서 은혜의 보화가 감춰진 십자가 밑의 새벽 제단을 산 것이다. 그들은 날마다의 하루의 삶을 새벽 기도를 나가기 위한 준비와 계획에 맞추어서 삶을 산다.

먹는 것, 자는 것, 일하는 것, 모든 것을 새벽 기도에 초점을 맞춘다.

새벽에 성령이 역사하신다.

성령은 믿는 성도들을, 사랑하는 성도들을 특별히 새벽에 부르신다. 그리고 회개하도록 깊은 감동을 주신다. 성령의 감동으로 이끌림을 받고 새벽에 교회에 나와 십자가 밑에 엎드린 성도는 복 있는 성도다.

구원의 과정과 역사적 배경을 보면, 먼저 개인 구원에서부터 시작하여 공동체 구원으로 확장되고 발전된다. 시작은 개인 구원부터지만, 그 개인 구원이 공동 구원의 씨가 되고 발판이 되고 밑거름이 된다. 다시 말해, 개인 구원은 공동체 구원을 이루고, 공동체 구원은 개인 구원의 원동력이 된다. 교회의 역사를 이루신 분이 바로 성령이시다.

한 생명이 태어나서 벌어먹고 사는 문제, 건강해야 하고, 가족을 돌봐야 하고, 구원받아야 하고 하는 일들이 결코 쉬운 문제가 아니다.

태어날 때부터 온전하지 못한 상태로 태어났기 때문에 계속 먹어야 하고, 배워야 하고, 일해야 하고, 건강을 돌봐야 하고….

육신적으로도 그러하지만 영적으로도 태어날 때부터 죄인으로 태어난다. 부모가 구원받았어도 새로 태어난 생명은 여전히 죄인이다. 죄 사함을 받아야 하고, 믿음을 가져야 한다. 하나님의 말씀을 영의 양식으로 받아먹으며 그 말씀대로 순종의 삶을 살아야 한다. 누구도 대신 먹어 주고, 대신 아파 주고, 대신 구원 받아 주고 할 수 없다. 모두가 개인의 일은 개인 스스로가 해야 한다. 이러한 영적 체험의 보증이 바로 성령이시다. 성령께서는 새벽에 십자가 밑에 나와 무릎 꿇고 회개하고, 자복하는 성도에게 큰 감동을 주신다.

> "새벽 오히려 미명에 예수께서 일어나 나가 한적한 곳으로 가사 거기서 기도하시더니" (막 1:35)

새벽은 기도하기에 가장 좋은 시간이다.

새벽은 고요하다. 모든 만물이 잠에서 깨기 전, 낮의 근심과 걱정이 아직은 다가오지 않는다.

마음은 가장 맑고 세상일과 근심과 걱정에서 떠나 오직 나만이 홀로 있다.

새벽은 하나님께서 우리에게 기도하기를 원하신다. 그러므로 새벽은 내가 하나님과 만나도록 정해진 가장 좋은 시간이다. 하나님께서는 새벽에 모든 힘과 또한 모든 소망이 최고의 상태에 있기를 원하신다. 그러므로 또한 우리는 마음의 문을 활짝 열고 마음껏 하나님께 기도할 수 있다. 밤 동안에 어제의 피로를 다 씻어 묻어 버리고, 새벽에는 새로운 에너지를 얻는다. 그리고 그 새로운 에너지로 기도한다. 새벽에 하나님께 당신의 모든 힘을 드려라. 하나님께서 새로운 길을 열어 주시리라. 그러면 하나님께서 당신을 부유케 하시려고 당신의 일생을 지켜 주실 것이다.

아침은 기도하기에 가장 적당한 시간이다. 우리에게 주어진 하루하루가 하나님에 의해 거룩해지지 않는다면 헛되이 낭비해 버리고 말게 될 것이다.

새벽 시간은 하루의 시간 중 첫 시간이다. 이스라엘 민족은 무엇이든 첫 번째 것은 하나님께 바쳤다.

> "너의 토지에서 처음 익은 열매의 첫것을 가져다가 너의 하나
> 님 여호와의 전에 드릴지니라" (출 23:19)

전쟁에서의 승리는 무장의 척도에 달려 있다. 신앙생활도 영적 전쟁이다. 하루의 삶을 영적 전쟁의 승리를 위해서는 새벽에 하나님 제단, 십자가 밑에 나와 무릎 꿇고 기도함으로써 영적인 힘을 얻어 무장을 단단하게 하면 하루의 삶이 승리와 평강의 삶으로 이어진다. (엡6:17-18)

새벽 정신과 마음은 맑고 평온하여 집중이 잘되고 솔직해진다. 그러므로 특히 새벽에 회개 기도의 문이 열리며 성령의 역사가 뜨겁게 임하신다. 그동안 시들하고 희미했던 믿음의 문이 새벽의 뜨거운 회개 기도를 통하여 활짝 열리고 영적으로 새롭게 거듭난 사람의 재탄생이 새벽에 이루어진다.

S. 존스는 이렇게 말했다.

> "새벽 기도를 하지 않으므로 실패자가 되고, 무력자가 되고,
> 맛 잃은 소금과 같이 된다."

"만물의 마지막이 가까왔으니 그러므로 너희는 정신을 차리고 근신하여 기도하라" (벧전 4:7)

새벽에 대한 적극적인 신앙은 가장 메마르고 비극적인 상황 속에서도 극한 노예의 상태에 충실하게 하고, 소망으로 살아가게 한다.

새벽에 대한 신앙은, 하나님은 선하시고 정의로우시다는 신앙에서 나온다. 새벽을 믿는 사람은 하나님을 사랑하는 자에게는 모든 것이 합하여 선을 이룬다는 찬란한 확신을 가지고, 어두운 밤을 걸어갈 수 있다. 가장 칠흑 같은 밤이라도 어떤 위대한 성취의 새벽을 밝혀 준다.

하나님께서는 새벽을 깨우는 자들을 부요하게 만드시기 위하여 더욱 아침에 그들과 오래도록 함께 계시기를 원하신다. 하나님께서 우리에게 아침에 오르라고 명하신다. 아름다운 아침! 아침의 노래에는 희망과 기쁨이 있다.

아침 시간을 구별하여 거룩하게 지키는 자에게는 그날 하루가 복된 날이 된다. 기도로서 첫 승리를 거두고 출발하는 자에게는 그날 하루가 성공적인 날이 된다. 하나님의 성전에서 새벽을 맞이하는 자에게는 그의 일생이 거룩하고 복된 삶이 된다. 또한 아침 시간에 건강이 증진된다. 아침 시간에 재물이 들어온다. 아침, 새벽의 빛이 가장 밝다.

아침에 찾는 하나님은 살아계신 하나님이요 역사하시는 하나님이시오 나를 부르시는 하나님이시다.

"내 영광아 깰지어다 비파야, 수금아, 깰지어다 내가 새벽을
깨우리로다" (시 57:8)

나에게 새벽은 특별하다.

새벽에, "회개하라"는 하나님의 음성을 들었다. 그 말씀을 듣고 나
는 회개하였다. 아니, 그 말씀이 들려왔을 때 회개의 문이 열렸다.
성령께서 회개의 문을 여셨고, 그 문으로 직접 들어오셨다. 그때가
새벽이었다. 동이 트기 전 내 새 생명의 동이 텄고, 새날이 시작되었
다. 모든 것이 뒤바뀌는 새로운 질서의 문이 열렸다.

죄의 덩어리는 깨어져 산산 조각이 났고, 십자가에서 흘리신 주님
의 보혈로 녹아내리고 씻겨 내렸다. 그때가 새벽이었다. 새벽에 그
일이 일어났다. 그러므로 나는 새벽을 잊을 수 없고, 새벽을 좋아하
고, 새벽을 자랑하고, 새벽을 강조한다.

새벽은 성결하고 깨끗하다. 새벽은 힘이 있다. 새벽은 담대하고 용
감하다. 그래서 새벽에는 하나님의 역사가 크게 나타난다.

그와 반면에 새벽은 아슬아슬하다. 하마터면 놓치기 좋은 시간이
새벽이다. 그래서 새벽은 귀한 보물과 같다.

인내 겸손 그리고 기쁨

✝

인내(忍耐)

한자(漢字)에서 참을 인(忍) 자를 보면 칼 도(刀) 자 밑에 마음 심 (心) 자가 있는 모양이다. (인= 忍)사람의 마음속에는 예리한 칼이 있 다는 것이다. 그런데 참을 인 자에 있는 칼도 자는 여느 칼도 자와 다른 칼 도 자다. 예리한 칼날에 점을 찍어서 그 칼날을 무디게 하 였다.

그렇다. 참는 것이란 바로 그런 것이다. 마음의 칼날을 죽이는 것 이다. 분한 일이 있어도 그 분을 삭이고, 아무리 급한 일이 있어도 절제하고 참는 것이다. 참지 못하면 실패하게 되고, 참지 못한 것 때 문에 망하게 되고, 경우에 따라서는 죽게 되기도 한다. 좋은 일도 참아야 한다. 궂은일도 참아야 한다. 급한 일도 참아야 한다. 인내 하기는 어려워도 인내는 나에게 복이 되고, 인격을 높여 주고, 품위 를 유지하게 하며, 믿음의 가치를 높여 준다.

특히 믿는 성도는 매사에 항상 인내를 앞세워야 한다. 성도가 참 지 못하고 경거망동하다가 큰 실수를 범하게 되면 하나님의 영광 을 가리게 되고, 교회에 덕이 되지 못하고 오히려 해를 끼치게 되는 것이다.

삼손은 들릴라의 유혹을 참지 못하여 비참한 죽음을 맞이하게 되었다. 아담과 하와는 사단의 유혹을 이기지 못하여 선악과를 먹고 불순종하여 전 인류를 죄악의 구렁으로 빠지게 하였다.

그러나 우리 주님은 십자가에서 모든 고난과 유혹을 참고 견디심으로써 우리의 구원을 이루셨다.

참기 힘든 극한 상황에서도 주님의 십자가를 바라보자.

"너희의 인내로 너희 영혼을 얻으리라" (눅 21:19)

겸손(謙遜)

겸손이란 몸과 마음의 낮은 자세다.

몸이 높아지면 따라서 마음도 한층 높아지고, 마음이 높아지면 몸도 높아진다. 사람은 누구나 높아지기를 좋아한다. 높임 받는 것을 즐거워한다.

높여 주면 좋아하고, 높여 주면 으쓱한다.

주님은 오심으로 낮아졌고, 십자가에서 낮아졌고, 무덤에서 낮아지셨다.

부활하심으로 높여지셨고, 모두가 십자가 밑에 무릎 꿇음으로 높여지셨고, 승천하심으로 높아지셨다.

구원의 정상은 어디에 있는가? 겸손에 있다.

승리의 정상은 어디에 있는가? 겸손에 있다.

평안의 정상은 어디에 있는가? 겸손에 있다.
하나님의 만족은 어디에 있는가? 겸손에 있다.

겸손하면 고독하다. 고독하면 평안하다. 평안하면 기쁨이 온다.
논어에 군자독신유경(君子獨身有警)이라 하였다. 참다운 군자는 혼자 있을 때를 더욱 경계해야 한다는 것이다.
주님은 혼자 있을 때 찾아오신다. 겸손의 자리에 있을 때 주님의 위로를 받는다.
주님은 십자가 위에서 아버지를 불렀다.

"엘리 엘리 라마 사박다니" (마 27:46)

그러나 아버지는 그때 멀리 계셨다. 아니, 가까이 계셔서 고개만 돌리셨다.
겸손을 아는 자 주님을 안다.
겸손을 즐기는 자 주님을 믿는다.
겸손은 구원의 최대의 미덕이다.

"겸손한 자는 먹고 배부를 것이며 여호와를 찾는 자는 그를 찬송할 것이라 너희 마음은 영원히 살지어다" (시 22:26)

기쁨

"의인을 위하여 빛을 뿌리고 마음이 정직한 자를 위하여 기쁨
을 뿌렸도다." (시 97:11)

믿음 뒤에 오는 것은 기쁨이다. 구원과 함께 오는 것은 기쁨이다. 하나님께서 그 길에 기쁨의 씨를 뿌리셨기 때문이다. 주님이 짊어지신 십자가 그 너머에 하나님께서 기쁨의 씨를 뿌리셨다. 성령께서 그 길로 인도하시고, 그 길을 관리하시고, 다스리신다. 기쁨의 길에는 성령의 감동이 있다. 말씀의 은혜가 있다. 구원의 감격이 있다. 천국의 실상이 있다.

세상의 즐거움과 구원의 기쁨은 그 질이 다르고, 그 위상이 다르고, 그 맛이 다르고, 그 기준이 다르다. 하나님이 주신 기쁨은 구원의 산물이다. 왜 기뻐하는가? 구원받았으므로 기뻐한다. 왜 기쁨이 오는가? 구원의 은혜 안에 기쁨도 함께 두셨기 때문이다. 생명나무 안에는 기쁨이 있다. 하나님께서는 우리를 기쁨으로 창조하셨다. 선악과는 슬픔의 나무이다. 아담이 선악과를 따 먹음으로써 기쁨은 나가고 대신 슬픔이 들어왔다. 주님께서 우리의 죄 때문에 십자가를 지셨다. 주님이 지신 십자가는 주님에게는 고난이지만, 믿고 구원을 빈 우리에겐 기쁨이나. 하나님께서 우리에게 슬픔으로 변하여 기쁨이 되게 하셨다.

변화(變化)

✝

    기독교는 변화의 종교다. 주 예수 그리스도를 주님으로 영접하고 하나님의 말씀을 영의 양식으로 받아먹으면 그동안의 겉 사람은 죽고, 속사람으로 거듭나게 되기 때문이다. 이 거듭남의 체험이 없이는 참그리스도인이 될 수 없으며, 하나님을 아버지로 모시는 하나님의 자녀가 될 수 없고, 하나님의 나라의 백성으로서 하나님의 통치를 받을 수가 없으며, 모든 삶 속에서 모든 일에 있어서 하나님의 영광을 돌리지 못한다. 사울이 바울로 변화되어 주님의 제자가 된 것같이, 주 예수를 구주로 믿는 사람은 반드시 이 변화를, 회개를 통하여 체험해야 한다.

    사람이 무엇으로 거듭나고 새 사람으로 변화하게 되는가? 오직 예수 그리스도를 구주로 믿고 회개한 모든 죄를 사함을 받고 새사람으로 거듭나며, 천국을 소유하는 하나님의 자녀로 거듭나게 되는 것이다.

    오직 예수 그리스도의 인간에 대한 관심은 무엇인가? 인간으로 하여금 그 삶을 총체적으로 회복시켜, 잃어버린 하나님의 형상을 다시 찾게 하려는 것이다. 이것은 인간이 지은 모든 죄를 사하여 주는 것이나, 하나님께 대한 올바른 예배를 회복하는 것이다. 사람의 심령의 뜨거움을 회복시키는 것 그 이상을 의미한다. 이것은 하나님의 자녀로서의 삶을 회복하며, 하나님의 나라를 건설하며, 샬롬의 공동체를 이루는 것을 포함한다.

변화란 자아의 눈이 뜨이는 것이다. 변화는 마음의 깊은 눈을 뜨는 것이다. 변화는 진정한 생명의 문이 열리는 것이다. 변화는 영적인 눈이 열리는 것이다. 자아의 가치를 보고, 자신의 죄를 보며, 주님 앞에 심령의 무릎을 꿇는 것이다. 이전의 죄 된 생명이 지나가고, 새 생명의 세계가 열리는 것이다.

자아에서 변화가 오면 환경이 부드러워지고, 만물의 새움이 트이며 심령 깊은 곳에서부터 천국과 영생의 샘물이 솟아난다.

자아의 영적 눈뜨임, 영적 각성이란 대체로 '회심', '거듭남', '중생'의 체험을 동반하며, 일반적으로는 점진적 변화보다 갑작스러운 체험 형태로 눈이 뜨인다.

변화란 심령 안에 하나님의 영적 임재를, 신적 내재를 느끼는 것이다. 이러한 체험은 내면적으로 자아의 변화를 초래하고, 세계는 '변화된 새로운 세계'로서 싱싱하게 느껴진다.

"보라, 모든 것이 새롭게 되었도다."

바울은 외쳤다. 산은 그대로 산이요 물은 그대로 물이로되, 여름날 비 온 뒤의 청명한 산과 들처럼 실재는 전혀 새롭게 느껴지고 보여진다. 이것이 '초월적 의식의 눈뜨임', '각성' 체험이며, 기독교적 체험의 핵심을 이룬다. (요 3:1-8)

예수님은 니고데모에게 "사람이 거듭나지(重生) 아니하면 하나님 나라를 볼 수 없느니라" (요 3:3)라고 단언적으로 말씀하셨다.

삶의 궤도 수정

예수 그리스도 안에서 우리는 빗나간 삶을 청산하고 참삶으로 가는 궤도 수정을 할 수 있다.

복음은 인간 삶의 궤도 수정을 위한 하나님으로부터의 메시지다. 빗나간 삶의 궤도 수정은 예수 그리스도를 구주로 믿고 영접하여, 그분을 만남으로부터 가능하다.

예수 그리스도의 영이 내 안에 거함으로써 우리는 그동안의 빗나간 삶을 청산하고, 참삶으로 가는 궤도 수정을 할 수 있다. 예수 그리스도를 만남으로 삶의 궤도를 수정받은 사람이 많이 있다. 성경에 기록된 내용만도 그 수를 헤아릴 수가 없다. 삭개오도 예수 그리스도를 만남으로 자기 삶의 궤도를 수정했고, 세리 마태나 창녀 마리아도 예수 그리스도를 만남으로 그들 인생의 빗나간 궤도를 바로잡았던 것이다. 베드로도 예수님을 만남으로 사람을 낚는 어부가 되었고, 사도 바울도 다메섹 도상에서 예수 그리스도를 만남으로 그를 핍박하던 인생이 이제는 예수 그리스도를 위해서 일생을 바치는, 참삶으로 가는 인생 궤도 수정을 하게 된 것이다.

사람에겐 변화가 필요하다. 먹고살아야 하는 것은 사실이고, 재미도 보며 살아야 한다. 그러나 거기서 끝낼 수는 없다. 인간은 만물의 영장이기에 높은 차원으로 탈바꿈이 필요하다. 벌레처럼 땅을 기다가 죽을 수는 없다. 물질의 노예와 욕망의 종으로 끌려다니기만 해서는 결코 행복해질 수 없는 것이 인간의 특징인 것이다.

"그런즉 누구든지 그리스도 안에 있으면 새로운 피조물이라 이전 것은 지나갔으니 보라 새것이 되었도다." (고후 5:17)

잘 익은 과일

과일의 진가는 얼마나 잘 익었느냐에 있다. 제아무리 좋은 과일이라도 그 익음이 제대로 성숙되지 못했다면 제맛을 낼 수가 없다. 단계가 있다. 어느 기간 동안은 굵기가 자라야 한다. 그러다가 굵기가 제대로 성장하였으면 이제는 충분한 햇빛을 받아 익어야 한다. 익지 않고 계속하여 크기만 해도 안 되고, 크지 않고 벌써 익어도 안 된다. 문제는 기간 동안에 적당히 커서 때에 맞춰 잘 익어야 비로소 제맛을 낼 수가 있다는 것이다.

성도의 신앙도 이와 같다. 믿었으면 그 믿음이 날마다 말씀을 듣고, 은혜를 받을 때마다 적당히 자라나야 한다. 처음에는 비록 겨자씨만 한 작은 믿음이었다 할지라도 시간이 지나 섬김과 봉사 그리고 예배의 삶을 성실하게 함으로써 점점 그 믿음이, 새들이 와서 그 가지에 깃들 수 있도록 성장해야 한다. 그리고 어느 정도 믿음이 성장한 다음에는, 그 믿음이 이제는 익어야 한다. 성숙되어야 한다. 변화되고 성화되어야 한다. 성도가 변화한 것은 잘 익은 과일이 제맛을 내는 것과 같다. 시간이 가고 세월이 흘러도 자라지 못한 신앙. 어느 정도 굵기는 하였어도 변화되지 못한 믿음, 그런 신앙은 제맛을 내지 못한 과일처럼 장차 길거리에 버려지고 말 안타까운 신앙이다. 성장한 과일이 제대로 익으려면 강한 햇빛을 많이 받아야 하는 것처럼 성장한 신앙이 변화하려면, 성령의 강권적인 역사로 진정한 회개가 있어야 한다.

"이미 도끼가 나무 뿌리에 놓였으니 좋은 열매를 맺지 아니하는 나무마다 찍혀 불에 던져지리라" (마 3:10)

제3편
정착의 문

성화(聖化)

✝

　교회는 예수님의 부활에서부터 시작되었다.

　예수님의 십자가 못 박혀 죽으심이 복음의 기쁨이 된 것은 예수님께서 무덤 문을 여시고 부활하셨기 때문이다. 예수님은 참사람이요 참하나님이시다. 참사람으로서 죄 없으신 분이 우리의 모든 죄를 짊어지시고 십자가에 못 박혀 죽으셨다. 참하나님으로서 무덤에 계속 머물러 있지 않으시고, 삼 일 만에 무덤 문을 여시고 부활하셨다. 그러므로 교회는 죄인들이 와서 죽고 의인으로 다시 사는 것이다.

　교회 문을 열고 들어올 때 죄인으로 들어왔으면 십자가 밑에서 자기 죄를 고백하고 죽어야 한다. 그런 다음 거듭난 의인으로 복음의 소식을 전하기 위해 교회 문밖으로 나가야 한다. 죽지 않고 그냥 나가면 여전히 죄인이요 거듭나지 못하고 구원받지 못한 것이다. 죽지 않고는 다시 태어날 수 없기 때문이다. 이것이 바로 성화의 제1단계다. 십자가 밑에서 내 죄의 고백으로 회개의 슬픔의 눈물을 흘렸으면 그다음 부활의 기쁨으로 나아가는 것이다. 슬픔의 자리에만 계속 머물러 있으면 구원과 복음에 이르지 못한 것이다. 죄로 인해 죽고 마는 것은 그것은 구원이 아니기 때문이다. 내가 물에 빠져 떠내려가는데 어떤 사람이 나를 구하려 물에 뛰어들었다가 죽고 만다면 어떻게 나를 구출해 내겠는가. 그가 살아서 나를 건져 살려 냈기 때문에 나도 기쁘고, 그도 기쁘고, 그의 은혜에 내가 감사하고 그 은혜를 기쁨으로 널리 전하는 것이다.

십 년, 백 년이 지나도 불법 체류자는 여전히 불법 체류자다.

교회는 지상교회와 천상교회 두 형태다. 지상교회에서 믿는다 하고 직분을 받았어도, 십자가 밑에서 죽고 다시 의인으로 거듭나지 않았으면 천상교회에서는 그는 없다. 교회 출석의 시기나 직분의 유무는 문제가 아니다. 십자가 밑에서 옛사람이 죽고 새사람으로 거듭 났느냐, 아니면 옛사람으로 그대로 있느냐 그것이 문제다. 그 변화의 현상은 자기 자신도 알지만, 동시에 다른 사람도 알게 된다. 자기 생각으로 자신이 거듭난 것 같아도 다른 사람이 느끼지 못하고 인정하지 않으면 그것은 거듭난 것이 아니다. 자기 생각이고 자기주장일 뿐이다. 하나님의 역사는 주관적이면서 또한 객관적이기 때문이다.

일반적인 신앙과 믿음에서, 성화된 신앙과 성화된 믿음으로 우리는 성화되어야 한다. 초보적인 믿음에서 부드러운 젖을 먹던 신앙에서 굳고 딱딱한 것도 먹고 능히 소화시킬 수 있는 장성한 믿음으로 성화되어야 한다. 각 단계마다 그 문이 다르고 그 방이 다르다. 태권도도 급수에 따라 그 띠가 다른 것처럼 믿음도 그 단계에 따라 그 색깔이 달라야 한다. 처음에는 부드러운 것을 먹지만 차츰 성화되면 따따한 것도 스스로 먹어야 한다. 계속하여 부드러운 것만 요구하면 신앙이 성숙되고 성장하지 못한다.

성화는 또한 죄로부터의 분리를 의미한다.

우리는 성화를 통하여 의롭다 인정될 수 있는데, 이것은 우리의 행위 그 자체가 선하고 의로워서가 아니라, 우리 안에 내재하시는 하나님이 우리로 하여금 이러한 행동을 주관하시기 때문이다.

성화란 또한 성결하지 못한 성품에서 성결한 성품으로 가는 내적인 변화를 의미한다.

결론적으로 성화는 하나님께서 우리를 올바르고 의롭게 만드시기 위해 우리 안에서 성령으로 역사하시는 것이다. 그러므로 성도가 온전히 그리스도의 마음을 품지 않으면 그리스도의 발자취를 따라 걸어갈 수 없다. 성화는 그리스도인의 삶의 최고의 목적이며, 다른 모든 것들은 이 위대한 결과에 기여하는 것이 되지 않으면 안 된다.

그리스도인들은 이 세상을 거룩한 세상으로 변화시키고 구원하기 위하여 이 세상에 오신 주님의 뒤를 따를 때에, 따라서 거룩하게 된다. 성도가 성령을 통하여 얻는 성화는 하나님이 지으신 세계의 성화를 위한 것이다. 성화란 '거룩하게 되는 것'을 말한다. 그리스도인들이 성령을 통하여 거룩하게 된다는 것은 무엇을 말하는가? 성령을 받아 거룩하게 된다는 것, 곧 성화된다는 것은 이 세상으로부터 구별되는 동시에 이 세상 속에서 하나님의 사랑을 실천하며 그 귀결로서 하나님의 정의와 사랑과 평등과 평화가 다스리는 '하나님의 나라'를 이루어 나가는 것이다.

> "나는 여호와 너희 하나님이라 내가 거룩하니 너희도 몸을 구별하여 거룩하게 하고 땅에 기는바 기어다니는 것으로 인하여 스스로 더럽히지 말라" (레 11:44)

"그러므로 너희는 죄로 너희 죽을 몸에 왕 노릇하지 못하게 하여 몸의 사욕을 순종치 말고 또한 너희 지체를 불의의 병기로 죄에게 드리지 말고 오직 너희 자신을 죽은 자 가운데서 다시 산 자 같이 하나님께 드리며 너희 지체를 의의 병기로 하나님께 드리라"(롬 6:12-13)

종이 변하여 주관자가 되니 행복이요, 내려가는 것이 오히려 올라 감이 되니 행복이요, 주었는데도 받게 되니 행복이요, 가난 대신 부해지니 행복이요, 어리석은 자가 아니라 지혜자가 되니 행복이요, 죽은 줄로 알았더니 살게 되니 행복이다. 헌신은 이처럼 행복의 비결이다.

성도의 행복은 하나님을 가까이하는 데 있다. 하나님을 가까이하는 생활은 하나님과 같이 되는 것, 즉 성화 생활이다. 성화 생활에 성도의 행복이 있다.

14세기 무명 성자의 말처럼 온전히 겸손한 이들에게는 그 영혼이나 육신을 위해 부족할 것이 없다. 그들은 모든 것을 넉넉히 가지신 하나님을 모신 까닭이다. 하나님을 모신 사람은 세상에 다른 것이 필요 없기 때문이다.

따라서 성도의 행복은 물질 추구나 향유에 있는 것이 아니라, 모든 것의 모든 것 되시는 만유의 주 하나님을 가까이하는 데 있다.

하나님을 가까이 함으로서 그에게는 만복을 받는 길이 열리기 때문이다.

성화의 목적

모든 생명은 자란다. 성화란 거룩한 자람이다. 믿음도 생명이기에 끊임없이 자라야 한다. 답보, 즉 제자리걸음은 결국 손실이다. 들에 곡식이 한여름 뜨거운 햇빛에 부지런히 자라지 않는다면 곧이어 가을이 오는데, 무엇으로 알곡을 내겠는가? 중천의 태양은 결코 멈춰 주지 않는다. 고개 너머에 주막이 있는데 서산에 해 지기 전 넘어야 할 고개를 마냥 앉아 쉬어만 있다면 길손은 어두운 한 밤을 어디서 지새울 것인가?

우리의 신앙도, 우리의 믿음도, 우리의 영성도 날로 새롭게 성화되어야 한다. 어릴 적에 제아무리 곱던 신발도 발이 크면 더 이상 신지 못하고 벗어 던져야 한다. 어릴 때의 아름다운 색동저고리도 어른이 되면 기워 입지 못한다.

> "갓난아이들같이 순전하고 신령한 젖을 사모하라 이는 이로 말미암아 너희로 구원에 이르도록 자라게 하려 함이라" (벧전 2:2)

> "내가 어렸을 때에는 말하는 것이 어린아이와 같고 깨닫는 것이 어린아이와 같고 생각하는 것이 어린아이와 같다가 장성한 사람이 되어서는 어린 아이의 일을 버렸노라" (고전 13:11)

성화되지 못한 신앙은 결승점에서 뒤처질 수밖에 없다. 성화되지 못한 믿음은 주님이 다시 오실 때 영접하지 못한다. 대열에서 뒤처지면 결국 사단 마귀의 먹거리가 될 수밖에 없다.

그리므로 우리는 그리스도인으로서의 합당한 영적 삶으로 날마다 성화의 길에 오르자.

들에 핀 꽃에서 사랑을 보아라.
가을에 지는 낙엽에서 인생을 배워라.

흐르는 강물에서 세월의 소리를 들어라.
멈추는 바람에서 너 생명의 끝을 보아라.

떠가는 구름은 부르는 자 없이 달리고
석양의 지는 해는 끄는 자 없이 지누나.

네게 담긴 죄에서 주님을 만나라.
높이달린 십자가에서 천국을 찾아라.

거룩

"여호와께서 모세에게 일리 가라사대
너는 이스라엘 자손의 온 회중에게 고하여 이르라
너희는 거룩하라 나 여호와 너희 하나님이 거룩함이니라" (레
19:1-2)

'거룩'은 성경의 시작이요 또한 구원의 목표다. 하나님은 거룩하심으로 우리 또한 거룩한 존재가 되기를 원하신다. 하나님은 우리 세계의 연장이 아니다. 하나님은 전적으로 우리와는 다른 실체이시다. 하나님은 우리 인간의 존재와 행위로부터는 구별된 분이시다.

'거룩'이란 단어는 '터부(taboo)' 같은 것을 의미했는데, 폴리네시아 말로는 "만지지 말라 그렇지 않으면 괴로움을 당할 것이다"란 의미다. 세계의 많은 곳에서 사람들은 신적인 존재에 결코 대항해서는 안 되고, 만약 대항하다가는 진노를 받아 공격을 당할 것이라고 생각했다. 모세가 호렙산에서 불타는 떨기나무(출3:1-6)를 보고 마음이 끌려 이 이상한 광경이 무엇인가 알아보려고 가까이 나아갔을 때, "하나님이 가라사대 이리로 가까이 하지 말라 너의 선 곳은 거룩한 땅이니 네 발에서 신을 벗으라"라고 말씀하신 하나님의 음성을 들은 것은 이와 같은 것일 것이다.

우리 성도들은 하나님께서 거룩하심같이, 즉 우리를 사랑하시며, 동정하시며, 전적으로 관심을 기울이심같이, 거룩하게 되기 위하여 부름을 받았다. 그러므로 하나님의 거룩하심은 그의 사랑과 의와 구원의 능력이 우리 가운데서 사랑하고, 의롭고, 구원하는 하나님의 함께하심의 능력이다. 불타는 가운데 꺼지지 않는 떨기나무 가운데서 "내가 너와 함께하리라"는 여호와 하나님의 말씀을 들었다. 하나님은 우리의 창조자시오, 사랑하고 목적이 있는 보호자시오, 우리의 영원한 안내자이시다. 그러므로 우리 모든 성도들은 오직 하나님께 신령한 예배를 거룩하게 드려야 한다. 모든 것에 완전해야 하며, 예배에 결코 결함이 있어서는 안 된다. 따라서 자신을 하나님께 올바로 헌신하려면 우리는 몸과 혼을 온전히 하나님께 바치지 않으면 안 된다.

사람은 누구나 깨끗하고 좋은 것을 원한다. 특히 더러운 것을 좋아하는 사람은 없을 뿐더러, 더럽고 추하고 악한 것은 모두 싫어한다. 그렇다면 나 자신의 존재는 어떠한가? 다른 사람이 볼 때? 아니, 하나님께서 보실 때의 나 자신을, 어떠할까를 생각해 보자. 하나님은 공평하시고 정의로우시며 사랑이 많으시다. 우리가 더럽고 추한 것을 보면 침을 뱉고 멀리하고 경계하는 것처럼, 하나님께서도 죄 많고 더러운 나를 보실 때 침을 뱉으시고 외면하시며 멀리하실까?

하나님은 인간이 아니시다. 하나님은 공의로우시며 거룩하시고 사랑이 많으시다.

그러므로 하나님께서는 독생자 예수 그리스도를 보내 주시고, 우리의 더럽고 추악한 죄를 담당하여 십자가의 고난을 받게 하셨다. 그러므로 하나님께서는 그 십자가를 통하여 우리를 맞아 주시고, 안아주 시고, 사랑해 주신다. 거룩하신 하나님께서 우리로 거룩의 길을 열어 주셨다.

> "너는 이스라엘 자손의 온 회중에게 고하여 이르라 너희는 거룩하라 나 여호와 너희 하나님이 거룩함이니라" (레 19:2)

우리 하나님은 거룩하시다. 흠과 티가 없으시고 모든 만물에서 구별되신다. 하나님은 천지 만물을 창조하셨고, 독생자 예수 그리스도의 보혈의 은혜로 사람을 죄악에서 구원하셨으며, 성령으로 세계 만물을 날마다 새롭게 하신다.

하나님의 뜻은 언제나 크고 위대하시다. 죄악으로 죽어 가는 인간을 그대로 버려 두지 않으시고 하나님의 놀라우신 섭리와 계획과 역사로 구원해 주셨다. 믿음을 선물로 주셔서 성도들을 세상의 많은 사람들로부터 구별하시고, 창조하신 대로 하나님의 형상을 회복하셨다. 독생자 예수 그리스도의 은혜로 말미암아 하나님의 사랑이 우리 가운데 회복되게 하셨다.

하나님의 거룩은 우리가 본받고 따라가고 성취해야 할 거룩이다. 처음 믿음을 가질 때 드디어 거룩의 땅에 발을 디뎠고, 그 믿음이 자라고 성숙할 때 거룩의 터 안으로 우리 또한 들어가게 된다. 회개함으로 변화되어 성령의 사람이 되었을 때 하나님의 거룩은 우리의 형상에도 이루어지는 것이다. 우리는 명심하자. "너희는 거룩하라"는 하나님의 명령을. 우리의 성화는 하나님의 거룩이 우리의 삶의 현장에 온전히 나타났을 때, 비로소 하나님의 온전한 영광과 나라와 거룩이 이루어지게 될 것이다.

영광(榮光)

✝

　우주 안의 모든 영광은 전적으로 하나님의 몫이다.

　하나님에 의해 피조된 인간이 죄인임을 자백할 때, 그 죄로 인한 징벌을 그리스도께서 대신 받으심으로 있어서의 하나님의 공의로우심을 찬양함으로 하나님께서 영광을 받으신다.

　우리가 우리의 눈으로는 볼 수 없는 하나님은 영광 중에 계신다. 그리고 그 영광 안에서 당신 자신을 나타내시며 전지전능하시고 은혜로우신 행위 내에서 백성들 사이에 그 영광을 나타내신다. '영광'이라는 말은 일반적으로 부(富)와 소유 그리고 성공과 능력의 빛나는 명예를 뜻하는 단어지만, 기독교 안에서는 그 의미가 이보다는 훨씬 더 크다. '영광'과 일치하는 히브리어는 '무게'와 '덩어리'라는 뜻이며, 무거운 것은 중요하고 가치 있는 것으로 표현되고 이해되고 있다. 또한 이 영광은 무엇보다도 인간을 무한히 초월하시는 하나님의 위엄을 의미힌다. 절대자로서의 여호와 하나님의 그 능력, 그의 에너지, 그의 본질은 인간의 모든 이해력을 초월하며 그의 광채는 직접 그를 쳐다볼 수 없으리만치 빛난다.

"서방에서 여호와의 이름을 두려워하겠고 해돋는 편에서 그의 영광을 두려워할 것은 여호와께서 그 기운에 몰려 급히 흐르는 하수 같이 오실 것임이로다" (사 59:19)

"모세가 그 증거의 두 판을 자기 손에 들고 시내산에서 내려오니 그 산에서 내려올 때에 모세는 자기가 여호와와 말씀하였음을 인하여 얼굴 꺼풀에 광채가 나나 깨닫지 못하였더라" (출 34:29-30)

모세가 돌판을 들고 시내 산 여호와 앞에 섰을 때 여호와의 영광의 광채로 인하여 그 앞에 납작 엎드렸다. 여호와 영광의 광채는 모세가 시내 산을 내려와 백성들 앞에 섰을 때도 그의 눈꺼풀에서 빛이 나서 직접 모세의 얼굴을 볼 수가 없었다. 그렇지만 모든 성도들이 하나님의 영광의 얼굴을 뵈옵고도 살아남을 때는 언제인가? 하나님의 성막이 인간들과 함께 있을 때가 언제인가? 하나님께서 우리와 함께 거하실 때가 언제인가? 구원을 받은 성도가 하나님의 영광으로부터 빛과 기쁨의 끊임없는 샘을 얻게 될 때가 언제인가?
그때는 주님의 재림과 함께 더불어 다가오고 있다.

"여호와께서 통치하시나니 땅은 즐거워하며 허다한 섬은 기뻐할지어다 구름과 흑암이 그에게 둘렸고 의와 공평이 그 보좌의 기초로다 불이 그 앞에서 발하여 사면의 대적을 사르는도다" (시 97:1-12)

하나님의 이름은 영광 그 자체다. 하나님의 이름이 있는 곳에는 언제나 하나님의 영광도 함께 있기 때문이다. 성전에서 하나님의 백성들이 하나님께 예배를 드릴 때 영광은 곧 하나님의 임재로 나타난다. 하나님의 임재는 하나님의 영광과 함께 임하신다.

> "여호와 우리 주여 주의 이름이 온 땅에 어찌 그리 아름다운지요 주의 영광을 하늘 위에 두셨나이다 주의 대적을 인하여 어린 아이와 젖먹이의 입으로 말미암아 권능을 세우심이여 이는 원수와 보수자로 잠잠케 하려 하심이니이다" (시편 8:1, 2)

> "하늘이 그 의를 선포하니 모든 백성이 그 영광을 보았도다"
> (시 97:6)

하나님의 영광은 또한 은혜와 함께 나타난다. 하나님께서 그의 백성들에게 은혜를 베푸실 때, 자신의 성품의 영광스러움과 아름다움을 나타내사 성도를 부요하게 해 주신다.

진실로 하나님께서는 이 세상을 심판하시는 방법을 통하여 그의 영광을 나타내고 계신다. 하나님의 심판은 곧 하나님의 자비로우심의 은혜다.

> "주 우리 하나님의 은총을 우리에게 임하게 하사 우리 손의 행사를 우리에게 견고케 하소서 우리 손의 행사를 견고케 하소서" (시 90:17)

하나님의 자비와 은혜가 없이는 우리는 아무것도 할 수 없다. 하나님께서 그의 영으로 우리를 인도하시고 지도해 주시며 다스려 주시지 않을 때에는 우리는 성공할 수 없다. 우리는 계속해서 하나님의 은혜 가운데 보호를 받을 것이 필요하다. 우리가 우리 스스로 우리의 길을 걸어가는 것만으로 충분하지 못하고 오직 하나님께서 우리가 우리의 전 과정을 걸어갈 수 있도록 완성시켜 주셔야 한다.

예수님은 오직 하나님의 영광을 위해서만 모든 일을 계획하시고 시행하셨다. 결코 자기 자신에게 영광을 돌리고자 함이 아니었다. 그 모두가 하나님의 능력을 힘입은 것이며, 하나님의 영광을 위해서 계획되고, 준비되고, 시행된 것이었다. 그러나 우리 인간들은 어떤가? 우리들이 행하는 그 많은 일들이 자기 자신의 힘에 의해서 시도되고, 자기 자신의 명성을 위해서 계획되고 있다.

성육신 속에 시작된 하나님의 아들의 스스로 낮아지심은 그의 죽으심 속에서 그 절정에 이르렀다. 하지만 자신의 바로 그 낮아지심 속에 그는 '들림을 받았는데', 이것은 단지 그가 육신적으로 십자가 위에 높이 달렸다는 것을 의미할 뿐만 아니라, 영적으로도 온 세상이 보는 앞에서 승귀되었다는 것을 의미한다.

실로 그는 '영광을 입으셨다'. 외견상으로는 '수치'였던 그 십자가가 실은 '영광'이었던 것이다. 하나님의 영광은 오직 하나님의 선하심이다. 하나님의 거룩하심은 죄지은 자의 양심에게는 타오르는 불과 같다. 그러나 접근할 수 없는 빛 안에는, 이 진리와 성결함의 빛나는 대기 안에는, 보다 친근하고 본질적인 영광이 존재하고 있다.

"여호와께서 그의 앞으로 지나시며 반포하시되 여호와로라 여호와로라 자비롭고 은혜롭고 노하기를 더디하고 인자와 진실이 많은 하나님이로라" (출 34:6)

"내가 여호와를 항상 내 앞에 모심이여 그가 내 우편에 계시므로 내가 요동치 아니하리로다" (시 16:8)

오른쪽은 영광의 자리이므로 솔로몬 왕은 어머니 밧세바를 자신의 우편에 앉게 하였다. (왕상2:19)

하나님께서 모든 지혜와 공의와 힘의 원천이심을 인정하고 깨닫지 않는 한 그리고 특히, 하나님의 거룩하신 말씀에 대하여 두려워 떨지 않는 한, 결코 하나님께 영광을 돌릴 수 없다. 그러므로 하나님을 경외하지 않고, 하나님의 말씀을 믿지 않는 사람은 누구든지 하나님께로부터 그의 영광을 오히려 앗아 가는 것이다.

우리는 하나님의 영광을 인정하려면 먼저 그것을 깨달아야 한다. 예수 그리스도를 통해 나타난 하나님의 완전하심을 깨닫기 전에는 아무도 하나님을 영화롭게 할 수 없다. 그를 찬양하려면 먼저 영광의 왕을 보지 않으면 안 된다.

우리는 회개하는 마음과 믿음으로 하나님은 '의로우시며 의롭게 히 는 자'라는 것, 즉 '의로우신 하나님이시며 우리의 구원자'라는 것을 깨달아야 하나님을 숭배할 수 있다. 그와 같은 깨달음이 있는 다음에라야 감사하는 마음으로 하나님의 이름에 합당한 영광을 자진해서 드릴 수 있고 그렇게 함으로 "우리는 많은 과실을 맺고 그로써" (요 15:8) 하나님은 영광을 받으신다.

하나님의 영광

영광이란 경쟁에서 이기거나 남이 하지 못한 어려운 일을 해냈을 때의 빛나는 영예다.

이 해석은 모든 영광은 하나님의 것임을 입증하는 해석이라 하겠다. 이 세상에 하나님과의 경쟁자는 아무도 없다. 천상 세계에서 하나님을 거역하고, 에덴동산으로 내려와 아담과 하와를 유혹하여 타락하게 한 사단의 역사도 예수 그리스도의 십자가의 은혜와 부활의 승리를 통해 여지없이 무너지고 말았다. 그러므로 하나님께서 단호하게 말씀하셨다.

> "나는 여호와니 이는 내 이름이라 나는 내 영광을 다른 자에게, 내 찬송을 우상에게 주지 아니하리라" (사 42:8)

하나님은 결코 우리의 구원을 포기하지 않으셨다. 미루지도 않으셨다. 누구도 이루지 못할 우리들의 구원을 예수 그리스도께서 십자가 위에서 이루어 내신 것이다. 아들의 고난으로 하나님의 사랑을 승화시켰고, 하나님의 승리를 부활로 이루신 것이다. 그러므로 모든 영광은 하나님의 것이요 하나님은 영광을 받으시기에 합당하신 분이시다.

성도들의 삶이 은혜가 넘칠수록 하나님의 영광은 충만할 것이다. 성도들이 하나님의 영광을 오로지 소중하게 여길 때 영성은 살아나고, 삶은 은혜로 더욱 회복되는 것이다. 하나님의 말씀을 부지런히 영의 양식으로 받아먹고 영이 힘을 얻을 때 하나님의 영광은 온 우

주에 가득하고 넘칠 것이요 하나님의 나라는 왕성하게 확장되어 나
갈 것이다.

십자가

✝

십자로는 사통팔달 동서남북이요 열 십(十) 자는 꼭 찬 부족함이 없는 만족의 수다.

이리 갈까 저리 갈까 방황하는 것이 인생길이다. 길의 정점을 알 수 없기에 방황하는 것이다. 십자로에서는 일단 멈춰야 한다. 자신이 가야 할 방향의 불이 파란불로 바뀔 때까지 기다려야 한다.

그렇듯 우리 모두 십자가 밑에 엎드려 기다리자.

그러면 천국으로 가는 방향의 파란불이 켜질 것이다. 천국의 등대지기 예수님께서 십자가 위에서 내려다보시고 신호등의 파란불을 켜 주실 것이기 때문이다.

십자가는 이 세상 한복판에 세워진 하나님의 심판의 상징물이기도 하다. 이 세상 죄악에 대한 하나님의 진노가 십자가에 달리신 예수 그리스도의 피 흘리심의 고난의 현장에서 온 세상에 울려 퍼지고 흘러넘쳤다.

예수님께서 십자가에 못 박히실 때 일어난 현상들은 모두 하나님의 진노하심의 실상인 것이다.

'엘리 엘리 라마사박다니'의 예수님의 부르짖음과 하나님의 침묵.

갑자기 해가 캄캄하게 어두워지고 바위가 터지는 큰 지진, 성전의 휘장이 위에서부터 아래로 찢어지는 현상 등은 우연히 일어난 자연의 현상이 아니라, 이 세상 모든 인류의 죄상에 대한 하나님 진노와 심판의 상징인 것이다. (마 50:45-51)

십자가는 예수님의 희생적 고난으로 죄악에 대한 하나님의 심판을 통하여 새로운 구원의 문이 열림을 기준하고 선포하는 생명의 기둥이다.

십자가는 하나님 아버지의 사랑의 품이시다. 우리는 교회의 십자가를 눈을 들어 올려다보는 것이 아니라 그 밑에 무릎을 꿇고 엎드려야 한다. 고개를 들고 올려다봄은 죄가 육신 안에 살아 숨 쉬는 것이요 무릎을 꿇고 엎드림은 죄를 쳐서 복종시키는 것이다. 거기서 십자가에 담긴 하나님의 사랑과 능력이 나타난다. 우리를 살리시는 사랑이요 죄를 죽이는 능력이시다. 우리는 죄 아래 복종할 수밖에 없다. 그러한 우릴 불쌍히 여기사 하나님께서는 아들이 지신 십자가의 희생적 보혈의 사랑과 능력으로 죄를 죽이고 우리를 살리신 것이다. 그러므로 이제 우리는 이 십자가의 은혜로 죄에 죽고 의에 사는 하나님의 자녀가 되었다.

> "그의 죽으심은 죄에 대하여 단번에 죽으심이요 그의 살으심
> 은 하나님께 대하여 살으심이니 이와 같이 너희도 너희 자신
> 을 죄에 대하여는 죽은 자요 그리스도 예수 안에서 하나님을
> 대하여는 산 자로 여길지어다" (롬 6:10-11)

십자가에는 하나님의 두 마음이 담겨 있다. 하나는 죄를 심판하시려는 하나님의 단호한 심판의 결단이요 다른 하나는 우리를 죄에서 구원하시고자 하는 사랑의 마음이시다. 이 두 마음이 결국 주님이 지신 십자가의 고난으로 성취된 것이다. 이 일로써 하나님께서는 불의한 우리에게서 불의 허물을 벗기시고 의의 옷으로 갈아입히신 것이다.

십자가에는 우리를 향하신 하나님의 고난이 응집되어 있다. 그뿐만 아니라 우리가 겪어야 할 모든 고난도 함께 담겨 있다. 하나님께서는 주님이 지신 십자가 안에 하나님의 고난과 우리의 고난을 함께 담으셨다. 그러므로 주님은 우리 죄를 사하시기 위해 고난 받으셨고, 우리 역시 주님의 고난에 함께 동참함으로써 구원을 얻는다. 다시 말해, 십자가 밑에 엎드려 나의 죄로 인해 고난 받으신 주님의 고난에 동참하는 아픔과 눈물의 회개 기도가 없이는 결코 구원의 선물과 기쁨을 받을 수가 없다는 것이다.

그러므로 십자가는 하나님과 우리를 함께 묶고 담는 생명의 그릇이 된 것이다. 이 십자가 사건을 통하여 하나님께서는 영원히 우리를 버리지 않으실, 우리의 절대적 아버지가 되셨다. 어떠한 곤경과 고난이 오더라도 우리를 버리지 않으시고, 영원한 우리 편이 되셔서 우리를 지켜 주시고 보호해 주신다.

> "내가 확신하노니 사망이나5이나 천사들이나 권세자들이나
> 현재 일이나 장래 일이나 능력이나 높음이나 깊음이나 다른
> 아무 피조물이라도 우리를 우리 주 그리스도 예수 안에 있는
> 하나님의 사랑에서 끊을 수 없으리라" (롬 8:38-39)

진실된 관계에서는 상대의 아픔이 상대의 아픔으로만 끝나지 않는다.

김종환의 〈사랑을 위하여〉라는 노래 가사에 이런 구절이 있다.

"내가 아플 때보다 니가 아파할 때가 내 가슴을 철 들게 했고…"

하나님께서 우리의 죄로 인한 고통을 해결하시기 위하여 아들의 십자가의 고난에 침묵하셨다. 우리 또한 우리를 위한 주님의 십자가의 고난에 동참할 때 하나님께서는 우리에게 평안과 기쁨을 허락하신다.

십자가는 세상 가운데 높이 세워진 하나님 사랑의 증표다. 하나님께서 우리를 어떻게, 얼마나 사랑하셨는가의 실증이 십자가 안에 담겨 있다. 그러므로 우리는 십자가에서 하나님의 한없으신 사랑의 진가를 읽고 깨달아 그 밑에 무릎 꿇고 회개하고, 감사하고, 찬양하고, 영광을 돌려야 한다.

그럼에도 대개 사람들은 그 십자가 밑을 무심코 그냥 지나치며, 오히려 인간의 조악성은 날로 더욱 깊어 가니 참으로 안타까운 일이 아닐 수 없다.

우리를 위하신 하나님의 구원 사역은 구체적이요 실천적이시다. 성경에 기록된 모든 내용들이 이러한 하나님의 구체적이요 실천적인 하나님의 구원 사역을 기록하였다. 구약의 역사가 그렇고, 신약의 역사가 그렇다. 아브라함을 통한 이스라엘 민족을 사랑하신 하나님의 구원 사역은 독생자 예수 그리스도를 보내시고, 주님께서 모든 인류의 죄지음을 지시고, 십자가에 달려 못 박혀 보혈을 흘리시고 고난을 받으심으로써 그 절정에 달하신 것이다. 이렇게 하나님의 구원 사역이 구체적이요 실천적임으로 구원을 받은 성도들의 신앙생활 또한 구체적이요 실천적이라야 하나다.

> "나더러 주여 주여 하는 자마다 천국에 다 들어갈 것이 아니요 다만 하늘에 계신 내 아버지의 뜻대로 행하는 자라야 들어가리라" (마 7:21)

> "이와 같이 행함이 없는 믿음은 그 자체가 죽은 것이라" (약 2:17)

> "영혼 없는 몸이 죽은 것 같이 행함이 없는 믿음은 죽은 것이니라" (약 2:26)

십자가에서 예수님의 죽으심은 구원의 시작이요 무덤 문을 열고 부활하심은 구원의 완성이다.

인간은 하나님의 피조물이다. 하나님은 모든 생명을 창조하신 창조주이시오 인간은 수많은 하나님의 피조물 가운데 하나일 뿐이다. 인간이 다른 피조물과 차이점이 있다면 그것은 하나님께서 인간을 하나님의 형상을 따라 창조하셨다는 것이다.

십자가에서 이루어진 사건을 인간의 시각으로 판단한다면 실패의 사건이요 모순의 사건이다. 죄가 없으신 하나님의 아들이신 예수님은 십자가에 못 박혀 피를 흘리시고, 죄인들이 그 더러운 손으로 주님을 십자가에 못 박았고, 다른 여러 죄인들은 밑에서 그러한 상황을 바라보며 주님을 향하여 욕하고, 침 뱉고, 저주를 하였다. 그리고 예수님께서 사랑하셨던 제자들도 모두 도망을 갔다.

이러한 일들이 그날 십자가를 중심으로 일어났던 것이다.

그런데 주님은 이 처참한 현실에서 이렇게 말씀하셨다.

"예수께서 신 포도주를 받으신 후 가라사대 다 이루었다 하시고 머리를 숙이시고 영혼이 돌아가시니라" (요 19:30)

십자가의 사건은 구원의 시작이요 또한 구원의 완성이다.

이로써 인간은 죄의 짐을 벗고 참 인간으로 거듭나게 되고, 하나님의 평안과 사랑을 누리게 되며 영원한 천국의 문으로 들어가게 된다.

"가로되 주 예수를 믿으라 그리하면 너와 네 집이 구원을 얻으리라 하고" (행 16:31)

우리는 매사에서 가능한 한 쉽고 빠른 길을 택한다. 그것이 곧 인간의 한계일 수도 있다.

그러나 성공과 행복의 열매가 쉽고 빠른 길에 있는 것만은 아니다. 옛 속담에 '인내는 쓰다. 그러나 그 열매는 달다.'라는 말도 있다.

우리의 신앙생활도 쉽고 빠르고 간단하게 하면 좋을 듯싶지만, 그렇지 않다. 때로는 힘들고 어려워도 주님의 십자가를 함께 지는 믿음으로 굳게 걸어가면 그 너머에 값진 진주의 열매가 묻혀 있음을 발견하게 된다.

> "천국은 마치 밭에 감추인 보화와 같으니 사람이 이를 발견한
> 후 숨겨 두고 기뻐하여 돌아가서 자기의 소유를 다 팔아 그
> 밭을 샀느니라" (마 13:44)

> "또 자기 십자가를 지고 나를 좇지 않는 자도 내게 합당치 아
> 니하니라" (마 10:38)

> "이에 예수께서 제자들에게 이르시되 아무든지 나를 따라 오
> 려거든 자기를 부인하고 자기 십자가를 지고 나를 좇을 것이
> 니라" (마 16:24)

사람은 사람마다 삶의 길이 다르고, 마음과 생각 그리고 각자의
선호도가 다르다. 그 다름의 형질에 따라서 각자의 죄상도 다르다.
자기로 말미암은 모든 일의 결과는 자신이 책임을 져야 하듯이, 삶
에서 나타난 죄상도 각사람 개인의 몫이다. 우리가 구원을 받으려면
각자의 모든 죄의 실상들을 주님의 십자가 밑에 내려놓아야 하는
데, 그러기 위해서는 주님의 십자가 밑에 도달하기까지 자신의 십자
가를 지고 와야 한다.

그리고 모든 삶의 순간순간에서 십자가를 짊어지신 주님만 바라
보며 따를 것이 아니라 각자의 십자가를 함께 짊어지고 주님을 따
라야 한다.

언제나 주님의 고난에 동참하는 참믿음의 삶을 살아야 한다는 말

씀이다.

어느 나이 많은 여자 노인분이 치매가 들어 자녀 이름도, 남편의 이름도, 자신이 사는 집 주소, 전화번호 등 아무것도 기억하지 못했다.

그런데 예수님이 누구시냐고 묻는 물음에는 "예수님은 나를 구원하신 생명의 주님이시다"라고 서슴없이 대답하셨다.

모든 사람은 주님의 십자가 밑에 엎드려 다시 한번 탄생이 이뤄져야 한다.

죄악의 짐을 벗고 주님의 보혈로 씻어 정결한 생명으로 거듭나는 것이다.

누에가 허물을 벗고 탄생하듯, 우리 역시 죄의 허물을 벗고 새 생명으로 재탄생되어야 한다. 그러므로 하나님께서 창조하신 아름다운 자연과 세상에서 복되고 평온하며 소망의 삶을 살게 된다.

주님이 지신 십자가는 우리 생명 안에 하나님과 연결되는 영의 선을 연결하는 새 생명의 능력이다. 주님을 구주로 믿고 영접하면 주님께서 십자가 위에서 흘리신 보혈이 성령의 감동으로 우리 안에 영적 생명이 새롭게 형성되어 하나님과의 영적 교감이 시작된다. 그로 말미암아 하나님의 형상도 뵙고, 음성도 듣게 되며, 기도가 살아나고, 감사와 찬양이 올려지고, 영광을 드리며, 새로운 영적 생명의 태동과 동시 활동이 시작되어 천국의 문이 열리게 된다. 이 모든 현상이 십자가로부터 시작됨으로써 교회는 신약시대 이후의 에덴이요 교회에 세워진 십자가는 그 에덴의 생명나무다.

하나님께서는 피 안에 생명을 두셨다. 예수님께서 십자가에서 흘리신 보혈은 성령의 그릇에 담겨 성도의 믿음과 기도를 타고 들어와 우리 육신의 생명 안에 영의 생명을 이룬다. 영의 생명은 육의 생명과 연합되어 거듭남의 새 생명을 이룬다. 믿음으로 거듭난 그 새 생명이 곧 하나님의 자녀요 백성이요 군사다.

이 새 생명을 이루어 가는 단계가 곧 성화의 과정이다.

이 거듭남의 새로운 탄생은 사람의 영성에 따라 단번에 이루어진 경우도 있지만, 여러 날 여러 해를 두고 점진적으로 이루어지기도 한다.

처음 믿을 때는 믿음과 신앙이 삶의 지극히 작은 일부분이지만 새 사람, 새 생명으로 거듭나게 되면 신앙과 믿음은 삶 전체의 핵심이요 전부가 된다.

주님을 모르고 하나님을 알지 못하는 믿음이 없는 일반인의 불신앙적 삶은 허공에 떠도는 먼지와 같은 방황의 삶이지만, 믿음으로 거듭난 성도는 참다운 인간의 삶의 자리 하나님께서 독생자 예수 그리스도의 십자가 밑에 새롭게 마련하신 축복의 땅, 에덴의 기름진 생명의 땅에 정착된 샬롬으로서 안정되고 평강의 삶이다.

십자가

십자가는 죄의 상징이요 죽음의 상징이요 형벌의 상징이다. 누가 죄인이고, 누가 십자가에 달려 죽음의 형벌을 받아야 하는가?

주님은 다 용서하라 하셨는데, 하루에 일곱 번씩 일흔 번이라도 용서하라 하셨는데, 하나님은 어찌하여 우리의 죄를 용서할 수 없어 우리의 죗값으로 당신의 아들 독생자를 십자가에 못 박아야만

했던가?

주님의 십자가는 용서의 십자가다. 우리의 죄를 용서하시려고 십자가를 지신 것이다.

"욕심이 잉태한즉 죄를 낳고 죄가 장성한즉 사망을 낳느니라"
(약 1:15)

우리를 사망의 웅덩이에서 건지시려고 주님께서 십자가를 지신 것이다.

십자가는 자유의 십자가다. 주님이 우리를 대신하여 십자가를 지셨기에 우리가 죄악의 올무에서 벗어나서 자유함을 얻었다.

십자가는 기쁨의 십자가다. 주님께서 우리를 대신하여 십자가 위에서 고난과 슬픔을 당하셨기에 이제 우리는 구원을 받아 기쁨을 얻게 되었다. 이제 우리는 다른 사람의 죄를 용서하여야 한다. 하루에 일곱 번씩 일흔 번이라도 용서하여야 한다.

주님께서 십자가에서 모든 죗값을 이미 다 치르셨기에 이제 우리에게는 아무런 죄도 정죄할 권한이 없기 때문이다.

그렇기에 그 일을 하시려고 하나님께서는 당신의 아들 독생자 예수를 십자가에 내어 주신 것이다.

고난

✝

　교회에서는 반드시 좋은 일만 일어나지는 않는다. 교회는 여러 사람, 많은 사람이 모이는 공동체다. 그러므로 교회 안에서도 다양한 일들이 일어난다. 큰 교회는 큰 교회대로, 작은 교회는 또한 작은 교회대로, 크고 작은 사건들이 발생하여 교회 전체를 어렵게 하기도 한다. 그것은 교회가 지고 가야 할 십자가요 고난이다. 창세기의 말씀에 하나님께서 창설하신 에덴동산에 아담과 하와를 유혹하여 하나님의 말씀을 불순종하게 하려고 천상에서 사단 마귀가 내려오듯이, 여전히 교회 안에도 악한 영의 활동으로 성도들이 시험에 빠지기도 하려니와, 각자의 삶의 현장에서 나타난 불협화음, 아직 거듭남의 단계에 도달하지 못한 성도들의 강한 자기 주장 그리고 인간의 힘으로는 어찌할 수 없는 복잡하고 난해한 각 사람의 삶의 형편들 등 다양한 사건들이 어우러져 교회 안의 부분 부분과 때로는 교회 전체의 분위기를 힘들고 어지럽게 하는 사태들이 가끔, 또는 자주 발생하기도 한다. 그러기에 교회는 언제나 기도를 쉬지 말아야 한다. 이 교회의 고난과 어려움들을 이길 수 있는 길은 오직 기도다. 예배 시간마다 기도, 낮이면 낮, 밤이면 밤, 새벽이면 새벽, 개인이면 개인, 그룹이면 그룹, 교회 전체면 전체, 이 기도는 교회가 앞으로 나아가야 할 영적 원동력이요 교회의 호흡이다. 좋은 일에도 기도, 좋지 않은 일에도 기도, 무슨 일이 발생하든 입으로 원망하거나 불평, 불만 하지 말고 오직 하나님께 아뢰고, 하나님의 은총을 간구하는 기도부터 해야 한다.

그러면 모든 일이 평온해지고 하나님 해결의 역사가 시작된다.

> "우리가 항상 예수 죽인 것을 몸에 짊어짐은 예수의 생명도
> 우리 몸에 나타나게 하려 함이라" (고후 4:10)

> "항상 기뻐하라
> 쉬지 말고 기도하라
> 범사에 감사하라 이는 그리스도 예수 안에서 너희를 향하신
> 하나님의 뜻이니라" (살전 5:16-22)

고난의 법칙

고난은 교회 안에만 있는 것이 아니다. 사람이 사는 현장에는 교회 안이든 세상 안이든 어디든 있다. 인간은 완전하지 못하고 유한적인 존재이기 때문에 한 인간이 일평생을 살아가다 보면 자신의 힘으로는 어찌할 수 없는 고난이 닥치기도 한다. 그런데 이 고난에도 종류가 있다. 어떤 고난은 인간의 힘으로 극복할 수 있는 고난인가 하면, 어떤 경우에는 인간의 힘으로 도저히 해결하고 극복할 수 없는 극단적이고 불가항력적인 고난도 있다.

이러한 현상들은 자연 속에서도 나타난다. 논밭에서 자란 곡식들, 산천에서 자란 초목들,또는 짐승들도 춘하추동의 비바람과 눈보라, 가뭄과 홍수, 엄동설한의 추위 등 겪으며 넘어야 할 고난의 강과 넓은 들이 그들에게 펼쳐져 있다. 그들은 그 과정 등을 통하여 열매 맺으며 성장하는 것이다.

인간들도 삶 속에서 일어나는 이 고난들을 겪음으로써 더욱 강해지고 단련된다.

교회에도, 성도들도, 때로는 주님이 허락하신 고난도, 주님의 고난에 동참하는 고난도, 여러 가지의 형태의 고난들을 믿음과 기도로 싸워 이기면 더욱 강하고 담대한 성도로 한층 더 성장하게 된다.

그러므로 하나님께서는 이 고난을 통하여 인간을 회복시키신다.

회복시킨다는 말의 어원은 '카르타르제인'이라는 말이다. 이 말은 부러진 뼈를 고치는 데 사용되는 말이다. 막 1:19에서는 그룰이 수리하는 용어로 사용되었다. 결핍된 것을 보충하고, 파괴된 것을 수리하며, 부족하거나 모자란 것을 복구하는 의미다. 이 고난을 통하여 겸손과 신뢰의 사람으로 변화되고, 결핍된 인간의 인격이 보충된다. 인간의 연약함이 강하게 되어 새로운 미래를 열어 가는 데 큰 힘과 자료가 된다.

베드로는 그리스도인의 고난의 법칙에 대하여 말해 준다.

그리스도인이 고난의 경험을 통과한 후에, 하나님은 그를 회복시키며, 확립시키며, 강하게 하며, 정착시키는 것이라고 베드로는 말한다.

"선한 양심을 가지라 이는 그리스도 안에 있는 너희의 선행을 욕하는 자들로 그 비방하는 일에 부끄러움을 당하게 하려 함 이라" (벧전 3:14-16)

"고난 당하기 전에는 내가 그릇 행하였더니 이제는 주의 말씀 을 지키나이다" (시 119:67)

"고난 당한 것이 내게 유익이라 이로 인하여 내가 주의 율례 를 배우게 되었나이다" (시 119:71)

"의인은 고난이 많으나 여호와께서 그 모든 고난에서 건지시 는도다" (시 34:19)

주님의 고난

예수님의 모친 마리아는 성령의 능력으로 아기 예수를 잉태하였 고, 예수님은 그의 탄생에서 고난을 잉태하였다. 피할 수 없는 고난 이요 외면하지 못할 고난이었다.

당신 자신을 위해서 부활을 위한 죽음의 고난이요 우리를 위하여 서는 구원을 위한 은혜의 고난이었다.

성부는 눈을 감고 외면한 고난이요 성령은 잠시 봇짐을 싸서 떠 나는 고난이었으며, 사랑하는 제자들은 모른 체 하는 배신의 고난 이었다.

오직 홀로 부르짖는 참담한 고난이요 고개를 떨구는 고독한 고난이었다.

부끄러움을 참아야 하는 저주의 고난이었고, 피를 흘려야 하는 잔인한 고난이었다.

모두 다 자리를 떠나는 슬픈 고난이었고. 그러나 우리를 구원하는 보혈의 고난이었다.

우리는 감당할 수 없고, 바라볼 수 없는 거룩한 고난이었다. 모든 우리의 죄와 허물을 감추고 지워 주는, 친절한 사랑의 고난이었다.

> "그가 찔림은 우리의 허물을 인함이요 그가 상함은 우리의 죄
> 악을 인함이라
> 그가 징계를 받음으로 우리가 평화를 누리고 그가 채찍에 맞
> 음으로 우리가 나음을 입었도다" (사 53:5)

샬롬! 주님의 평화를 이루자

†

교회로서는 어떠한 조그마한 갈등이나 불화도 없어야 하는 것이 당연하다 하겠다. 교회의 몸이신 우리 주님은 평화와 평강의 왕이신 '샬롬!'이시기 때문에 그렇다. 구약성경에 '평화'로 번역된 히브리어 '샬롬'은 '완성' 또는 '완전'을 의미한다. 이스라엘 사람들은 평화를 하나님의 선물로 생각했다. 기드온의 제단 이름을 '야웨 샬롬'이라 했는데, (삿 6:24) 이는 '여호와의 평화'라는 뜻이다.

갈등(葛藤)

불화의 중심에는 항상 갈등이 자리 잡고 꼬여 있음을 알 수 있다. 양보할 수 없는 두 세력, 분리될 수 없는 양대 세력이 얽혀 있어 진전의 성과를 기대하기 힘든 상황이다.

갈등에는 언제나 두 가지의 양태가 있다. 긍정적 부문과 부정적 부문이다. 어느 것이 칡넝쿨인지, 어느 것이 등 넝쿨인지 분별할 수 없는 부정적 측면과, 두 넝쿨이 서로 꼬이고 얽혀져서 더욱 강인한 힘을 내포하는 긍정적 측면이라 하겠다. 사회 조직의 측면에서는 갈등을 기본적이요 건설적 측면으로 보는 긍정적 부문이 더욱 강하다 하겠다.

다시 말해, 협동과 분리될 수 없는 성질의 것으로, 갈등과 협동은 동일한 사회 과정의 다른 두 측면의 것임을 알 수 있다.

쿨리는 이렇게 갈등에 대하여 말했다.

> "사회 질서는 수많은 종류의 형태의 협력적인 구성체들로 분 해할 수 있다. 그리고 이들 각 구성체의 대립이라는 관점으로 일정한 조화가 강요되고 있는 것이다."

갈등은 필연적으로 역기능적인 것이 아니라, 어느 정도의 갈등은 집단 형성과 집단생활의 지속에 본질적인 요소다.

사람의 마음속에는 진리를 바라는 갈망심과 선을 이루어 보려는 노력이 있는가 하면, 다른 한편, 진리 같은 것에는 외면하며 그런 것을 도리어 조소의 대상으로 여기는 경향이 없지 않다. 선과 악, 이상 과 현실, 의욕과 낙망, 희망과 절망 등의 대립된 상황 속에서 고민하고 몸부림치는 상태를 갖게도 된다.

> "내 속 사람으로는 하나님의 법을 즐거워하되 내 지체 속에서 한 다른 법이 내 마음의 법과 싸워 내 지체 속에 있는 죄의 법 아래로 나를 사로잡아 오는 것을 보는도다" (롬 7:22-24)

사람이 모이는 곳이면 어디든지 긴장과 투쟁의 갈등이 생기는 것을 막을 수 없다. 교회 안에서 성도와 성도와의 갈등, 그리고 사회와 국가와의 갈등 관계도 역사를 두고 계속해서 발생해 왔다. 이러한 긴장 관계 가운데서 최선의 해결책은 인간미를 띤 공명정대한 복음의 투쟁이 되도록 해야 한다는 것이며, 성도는 자신의 권한의 본질이 무엇인가를 가려내기 이전에 특정한 생활, 특정한 상황에서 어떻게 하면 교회의 안녕을 위해 최대의 선(善)을 살릴 것인가 하는 노력을 해야 하며, 자기 자신의 신앙만이 진리라고 우겨 대는 독단적인 태도로 맞서려고 해서도 안 된다.

사랑은 모든 사람에게 해당된다. 내가 사랑하고, 내가 사랑받고 싶으면 그것은 모든 사람이 다 같이 느끼는 감정이다. 그러므로 사람은 어느 개인의 독단적 소유물이 아니고 모든 사람, 모든 생명체에게 해당되는 공동의 목표요 소망이다. 우리가 살고 있는 우주의 실상은 모든 생명이 함께 공동으로 살아가도록 한 묶음으로 얽혀 있다. 한 개개인이 행복하고 안전하면 우리 모두가 행복하고, 한 가정, 한 국가가 행복하고 안전하면 지구상의 온 나라들이 행복하고 안전하다.

그러므로 우리 모두는 자기 자신의 생명을 아끼고 소중히 여기듯, 서로 서로의 생명을 아끼고 소중히 여기자.

"새 계명을 너희에게 주노니 서로 사랑하라 내가 너희를 사랑한 것같이 너희도 서로 사랑하라" (요 13:34)

화해(和解)

> "그는 우리의 화평이신지라 둘로 하나를 만드사 중간에 막힌
> 담을 허시고" (엡 2:14)

물은 낮은 데로 흘러 바다에서 하나를 이룬다.

화해란 인간의 의(義)에서 하나님의 의(義)로의 새로운 창조다.

유대인과 이방인으로 구별되었던 나라가 예수 그리스도의 십자가의 희생으로 교회를 통하여 한 가지 하나님의 나라를 이루는 것이 곧 화해다.

인간은 무력한 존재로서 이루지 못한 화해를 하나님께서 인간을 위하여 이루어 주셨다.

독일의 현대 신학자 칼 바르트에 의하면, "인간은 자기의 창조주로서의 하나님을 부정했고, 그 부정으로 말미암아 하나님의 피조자로서의 자기 자신도 파멸시켰다. 하나님께서는 이 같은 인간의 절망적 사실을 예수 그리스도를 통해서 당신의 사실로 만드시고, 인간을 그 목표까지 인도하시고 그 일로 말미암아 이 세상에서 당신의 영광을 주장하신다. 이 같은 하나님의 정의롭고 자유로운 활동이 그리스도 교회가 선포해야 할 메시지의 대상이고 기원이요 내용의 중심이다."라고 하였다.

기독교 신앙의 핵심은 바로 화해다. 예수님은 인간의 역사 안으로 들어오시어 우리를 해방시키고 화해시키기 위해 죽음을 받아들이신다.

화해란 용서 이상의 것이다. 쌍방, 서로의 변화가 화해를 가능하게 하기 때문이다. 형들을 용서한 요셉의 화해가 바로 이런 것이었다. 만일 요셉이 과거를 잊지 못하고 형들에게 맺힌 원한을 복수로 풀려고 했다면 화해란 어림도 없었을 것이다.

형들은 요셉을 해하려 했으나, 요셉은 그대로 갚지 않는다. 하나님께서는 인간의 악한 계획마저도 좋게 바꾸신다는 사실에 대한 확신이 요셉의 복수심을 억누르고 있다.

"사람의 마음에는 많은 계획이 있어도 오직 여호와의 뜻이 완전히 서리라" (잠 19:21)

"사람의 걸음은 여호와께로서 말미암나니 사람이 어찌 자기의 길을 알 수 있으랴" (잠 20:24)

화해하다

깨어진 얼음 조각은 다시 붙일 수가 없어도, 나누어진 물은 다시 합칠 수가 있다.

화해는 빠를수록 좋다. 그리고 화해는 누구에게나 필요하다. 하나님과의 화해, 모든 피조물 우주 자연과의 화해 그리고 형제와의 화해.

화해의 날! 가족이 하나가 되는 날, 오랫동안 헤어져 있던 형제들이 다시 만나는 날, 이것은 참으로 아름다운 광경이다. 그러한 화해가 오늘날 우리에게도 필요한데 이루어지지 않는 이유는 무엇인가? 비록 아주 심한 잘못을 저질렀다 할지라도 그리스도인답게 그 잘못을 용서해 주고 화해를 하는 날은 결코 올 수 없는가?

평화(平和)= 샬롬

평화(샬롬)는 하나님의 첫 번째 말씀이며, 또한 마지막 말씀이다. 왜냐하면 하나님 자신이 평화의 충만이고, 평화의 왕국이며, 평화의 도성이기 때문이다. 예수 그리스도의 성육신으로 임마누엘 하신 하나님은 지상 평화를 선포했다. 평화의 왕으로 이 땅에 오신 예수는 이 땅에서 미움과 싸움을 몰아내고 화평을 심으셨다. 그것은 곧 평화의 복음이요 화해의 복음이다. 평화는 전쟁과 미움이 없는 것을 의미한다. 따라서 평화는 전쟁과 미움의 원인이 되는 불의와 억압이 없는 것을 의미한다. 평화는 서로서로를 이해하고 받아 주는 것을 의미한다.

깨졌거나 상하거나 갈라지지 않고 흠이 없는 완전한 상태를 말한다. 삶이 기울지 않고 모나지 않은 보름달처럼 둥근 상태를 샬롬이라고 한다. 반목하고 대립했던 유대인과 이방인이 조화를 이루고 하나가 되는 데서 평화가 이룩되었다.

> "종과 주인, 여자와 남자, 없는 자와 가진 자, 지배자와 피지배자 간의 화해는 주인이 종을, 남자가 여자를, 지배자가 피지배자를 이해하고 사랑하는 데서 비로소 가능해진다." (엡 2:14-17)

평화

진정한 평화는 외부로부터 오는 것이 아니다. 믿고 거듭난 사람의 내면의 세계에서 이뤄진다. 평화의 왕 되며 하나님의 아들이신 예수 그리스도를 믿고 구주로 영접하여 자신의 죄를 회개하고 새 생명인 하나님의 자녀로 거듭날 때, 성령의 역사와 감동을 통해 내면의 세계에서 먼저 평화가 이뤄진다. 그러므로 한 개인의 환경에서 내면의 세계로부터 평화가 이뤄질 때 그 평화는 불화했던 형제와 이웃 그리고 원수에게로 까지 번져 나가게 된다. 그러므로 평화는 반드시 기쁨을 동반한다. 평화란 인간 내면에 일어나는 변화의 결과다. 평화는 인간의 인간성(人間性)을 회복(回復)시키는 능력이다. '그리스도의 평화'는 마음의 내적인 평화인 동시에 자연의 평화를 뜻한다. 그의 평화는 먼저 믿는 사람의 마음속에서 체험된다. 이 평화를 통하여 인간의 무한한 소유욕이 극복된다. 평화란 하나님과의 사귐에서 얻어지는 것이다. 그러므로 그 평화는 암흑과 혼돈 속에서도 존재할 수 있으며, 폭풍과 피곤이 가득 찬 인간의 심정 속에서도 평화가 있을 수가 있다. 평화는 강한 능력이어서 우리를 지켜 주며, 우리의 길잡이가 되며, 그와 함께 이 세상을 아무런 두렴 없이 지나갈 수가 있다. 평화는 일시에 왔다가 그대로 가 버리는 것이 아니라, 우리가 어디로 가든지 우리를 둘러싸 주는 확고하고도 객관적인 실재다. 평화는 크리스천 생활의 최초의 것이며, 근본적이면서 최고의 것이다.

평화를 이루기 위해서는 모든 것이 골고루 발전되어야 한다. 이것과 저것이 긴밀히 연결되어 있기 때문이다. 그리스도인들은 평화를 위하여 일하는 사람들이다. 평화는 언제 이루어져야 하는가? 평화는 아직 시간이 있을 때, 최악의 경우가 닥치기 전에 준비되어야 한다. 그러므로 가난한 나라들의 발전이 평화의 가장 중요한 선결 조건이다. 그렇지 않으면 평화를 깨는 무력 투쟁이 일어날 가능성이 높기 때문이다.

평화는 곧 인간과 자연 사이의 조화다. 인간이 자연으로부터 위협을 받지 않고, 인간 역시 자연을 정복하려고 하지 않을 때 인간은 자연스러워지고, 자연은 인간다워진다. 인간과 자연은 적대 관계를 그만두고 서로 만나게 된다. 인간은 자연 속에 삶으로 고향을 찾는 것 같고, 자연 역시 인간 세계의 한 부분이 된다.

개인의 자기 본위, 자기 중심성의 주장이 강할 때 사회와 국가 간의 또는 성도와 성도 간의 긴장을 초래하고 평화를 깨뜨리기 때문에 우리 기독교는 하나님께 복종하는 자유인으로서 만인의 행복과 화평을 위해 책임 있는 사랑의 실천자가 되어야 하겠다.

불화는 우리 모두를 그리고 모든 것을 불행하고 슬프게 한다. 불화하고 갈등하면 그 안에서는 하나님의 나라가 이루어지지 않는다. 샬롬은 주님께서 십자가에서 고난 받으심으로 이루신 평화다. 그 평화의 나라는 구원의 나라요 하나님의 나라요 기쁨과 소망의 나라다. 구원의 나라 안에서 또다시 주님을 십자가에 못 박는 일은 없어야 하겠다. 주님이 재림하실 때 재림하신 주님을 우리가 또다시 십자가에 못 박아서야 되겠는가? 주님의 십자가의 고난도, 우리들의 믿음도, 헛되지 않게 해야 한다.

그렇게 하기 위해서는 우리는 늘 주님의 십자가를 생각하자. 주님의 고난을 생각하자. 불화하고 갈등을 부추기는 일이 있을 때마다 우리는 주님의 십자가를 붙들어야 한다. 그리고 성령의 도우심을 요청해야 한다. 성령으로 간섭하시고 성령이 오셔서 해결하시면 모든 문제들이 은혜로 풀리게 된다. 그리고 주님의 평강 샬롬이 이루어진다.

선한 일에도 반대자가 있고
악한 일에도 동조자가 있다.
선한 마음위에 참된 믿음이 쌓이고
참된 믿음위에 구원의 열매가 익는다.
선한 마음은 그리스도 예수의 마음이요
그리스도 예수의 마음은 샬롬,
평강과 평화의 근본이다.

"평안을 너희에게 끼치노니 곧 나의 평안을 너희에게 주노라
내가 너희에게 주는 것은 세상이 주는 것 같지 아니 하니라
너희는 마음에 근심도 말고 두려워하지도 말라" (요 14:27)

마라나타, 아멘!
주 예수여, 어서 오시옵소서!

†

주님의 충성스러운 제자 사도요한은 참으로 견디기 힘든 마지막
극한 상황에서 이렇게 기도하였다.

"마라나타, 아멘! 주 예수여, 어서 오시옵소서!"

얼마나 통절하고 간절한 기도인가? 우주 공간에서 수많은 문제를
일으키는 말썽꾸러기는 오직 인간밖에 없다. 인간 때문에 자연이 파
괴되고 고통받으며, 인간 때문에 또한 인류가 패망하고, 인간 세계가
병들어 가며, 인간 때문에 하나님께서 슬퍼하시며 근심하신다.

하나님께서는 하나님의 형상대로 사람을 창조하셨지만 사단의 유
혹으로 하나님의 형상을 잃어버렸다. 하나님의 형상을 상실한 인간
세계는 혼탁하고 갈등하며 불화한다. 하지만 하나님께서는 독생자
예수 그리스도의 고난으로 하나님의 형상을 회복하셨다. 그로부터
2천 년이 지난 오늘, 회복된 하나님의 형상이 또다시 많은 손상을
입고 희미해져 가고 있다. 그리므로 주님은 부활 승천하실 때 다시
오실 것을 약속하셨다. 지금 이 시대야말로 요한의 기도가 절실하
다 하겠다.

사도요한은 흑암과 번민과 절망 속에서 기도에 온 정력을 쏟았다. 마치 다윗의 기도처럼 기도하였다.

> "내가 여호와를 기다리고 기다렸더니 귀를 기울이사 나의 부르짖음을 들으셨도다. 나를 기가 막힐 웅덩이와 수렁에서 끌어 올리시고 내 발을 반석 위에 두사 내 걸음을 견고케 하셨도다" (시 40:1-2)

주님을 기다리는 사람은 그가 약속하신 축복을 절실히 기대하면서 그 얼굴을 뵙고자 하고, 그의 말씀을 깊이 묵상하며 기다린다. 그러므로 우리는 시험에 빠지고 당황스러운 문제에 봉착할 때에 하나님의 성전을 찾아 기도해야 한다.

시간은 멈춤이 없다. 계속 흐르고 지나가는 것이 곧 시간의 존재다. 그 시간 속에 담긴 인간의 삶도 현재의 시간을 계속 보내는 것이다. 흐르고 지나가는 시간위에 떠 있는 것이 인간이요 그것이 곧 삶이다.

시간은 생명싸개다. 모든 생명을 싸안고 시간은 계속 달린다. 시간의 속성은 한결같지만 각 생명, 각 사람에게서의 시간은 질적으로 다르다. 가 생명의 현실에 합류되어 있기 때문이다. 생명체가 슬프면 슬픔의 시간으로, 생명체가 기쁘면 기쁨의 시간으로. 시간은 언제나 그 생명체의 현실과 동일한 동질의 형태를 갖는다. 그러기에 시간은 전체의 속성은 같으나 각 생명에 임하는 시간은 질적으로 다르다 할 수 있다.

기다림이란 아직 오지 않은 시간을, 앞으로 여기에 도달할 시간을 그리고 그 시간이 담고 올 어떤 인물이나 사건을 미리 예상하며 만나기 위해 준비하고 있는 것이 기다림이다.

그러므로 시간은 살아 있는 존재들에게만 유효하다.

탄생과 더불어 시간도 존재한다. 그러므로 또한 시간과 어떤 존재는 함께 간다. 시간은 존재를 담고, 존재는 시간에 담겨 함께 가는 것이다. 그러다가 존재가 끝이 나면 거기서 시간도 함께 멈춘다.

멈춤은 시간이 아니요 없는 것이다.

기다림이란 멀리 있는 시간 속에 담긴 사건을 미리 예측하고 넘겨다보는 것이다. 그 사건이 좋은 사건이면 그 일로 이루어질 기쁨과 감격을 음미하며 만족해하는 것이다.

그리고 그 시간이 속히 임하기를 기대한다.

기다림에는 책임이 있다. 그저 막연히 기다리면 안 된다. 마태복음 25장의 신랑을 기다리는 열 처녀 중 다섯 처녀는 미련한 처녀들이요 다섯 처녀는 슬기 있는 처녀들이었다. 기름을 준비하여 신랑이 오실 때까지 깨어 있어 신랑을 맞이하는 처녀가 슬기 있는 처녀다. 주님을 기다리는 우리도 기름을 준비하며 깨어 기도하므로 기다려야 한다.

모든 시간은 하나님의 것이다.

하나님께로부터 시작되어 하나님께로 돌아간다. 그러므로 예수님께서 알파와 오메가, 처음과 나중이라고 하셨다. (계 22:13) 시작과

끝. 곧 시간의 주인이시라는 의미다.

하나님께서는 우주 만물을 창조하실 때 그 우주와 만물들을 시간 위에 띄우셨다. 그러므로 모든 만물은 오직 시간 위에서 존재한다.

태양과 지구의 돎이 시간이요 별들의 빛남이 시간이요 구름의 흐름, 물의 흐름이 시간이요 꽃이 피고 지는 것이 시간이요 춥고 더움이 시간이다. 아기의 울음, 모든 생명의 활동 움직임이 시간이다.

시간은 곧 생명이다.

시간을 아끼자. 시간을 아끼는 것은 생명을 소중히 하는 것이다.

마라나타 아멘! 주 예수여, 어서 오시옵소서!

내가 결코 완벽해져서 기다리는 것이 아니다. 내가 부족함이 없고 자신이 넘쳐서 기다리는 것이 아니다.

진흙으로 뒤범벅이 되어 발버둥 치며 허우적거려도 주님은 나의 빛이요 꿈이요 희망이기에, 그리고 주님은 나의 생명이요 나의 천국이기에 오늘도 간절히 주님을 기다린다.

시골에는 5일마다 장이 선다. 이름하여 '오일장'이다. 장날이면 어머니는 텃밭에서 싱싱한 채소를 뽑아 큰 바구니에 가득 담아 무겁게 머리에 이고 4km도 훨씬 넘는 장마당까지 단숨에 바쁜 걸음으로 가서서, 해가 지기 전 다 파신다. 배추, 무, 마늘, 시금치, 부추 등 종류도 다양하다. 파신 돈 얼마는 비료값에 보태라고 아버지께 드리고, 남은 돈으로 우리 고무신도 사고, 갈치도 사고, 고등어도 사서 종종걸음으로 집으로 돌아오신다.

우리는 엄마 없는 집에서 해 질 때를 기다리다가 뉘엿뉘엿 어두워지면 신작로로 어머니를 마중 나간다. 어두컴컴한 밤길에도 저 멀리 엄마의 모습은 금방 알아보고 달려간다.

우리 주님은 성도들의 어머니와도 같다.

우리는 지금 다시 오실 우리 주님을 간절히 기다리는 마음으로 신앙생활을 하고 있다.

이제는 때가 되었다. 한낮의 태양이 서쪽 하늘로 기울고 붉은 저녁노을도 사라져 간다.

칠흑 같은 어두움이 몰려와 앞을 보지 못할 밤이 점점 가까이 다가오고 있다.

모든 성도들은 날이 더 어둡기 전에 주님을 기다리면서 설레는 마음으로 마중길에 나서야 한다.

마라나타, 아멘! 주 예수여, 어서 오시옵소서!

> "이것들을 증거하신 이가 가라사대 내가 진실로 속히 오리라
> 하시거늘
> 아멘 주 예수여 오시옵소서
> 주 예수의 은혜가 모든 자들에게 있을지어다 아멘" (계 22:20-22)

주님은 언제 오시나

바람은 봄기운을 가득 실어 나르고
먼 구름은 많은 비를 담아 오는데
상강에 떠오는 배는
사랑하는 님을 왜 실어 못 오는가?
겨울이 깊어 강이 얼면
배를 어찌 노 저을 수 있으랴!

◆ 참고 문헌 ◆

이재은. (1995). 기독교문장대백과사전, 성서연구사.

제자원 편집부. (2003). 옥스퍼드 원어성경대전. 제자원.

이종성. (1990). 신론神論. 대한기독교출판사.